出土文獻綜合研究專刊之十六

秦漢簡牘系列字形譜

五

主編 張顯成
副主編 王丹 李燁
編撰人員 張顯成 王丹 李燁
高魏 劉國慶 雷長巍 滕勝霖
高明 楊艷輝 陳榮傑 趙久湘

中華書局

目録

分譜之八　尹灣漢簡字形譜

説　明……三
單　字……五
第一　一部——茻部……五
一部……五
丄部……七
示部……八
三部……八
王部……九
玉部……一〇
士部……一一
丨部……一一
艸部……一二
茻部……一六
第二　小部——品部……一七
小部……一七
八部……一八
釆部……一九
牛部……二〇
告部……二〇
口部……二〇
吅部……二四
走部……二五
止部……二五
癶部……二六
步部……二六
此部……二六
正部……二七
辵部……二七

彳部……三〇
廴部……三一
㢟部……三二
行部……三二
牙部……三二
足部……三三
品部……三三

第三　干部——用部……三四

干部……三四
句部……三四
十部……三四
卅部……三六
言部……三七
誩部……四〇
音部……四〇
辛部……四〇
丵部……四一
菐部……四一
収部……四一
共部……四二
异部……四二
革部……四三
爪部……四三
又部……四三
史部……四五
支部……四六
聿部……四六
畫部……四七
臣部……四七
殳部……四八
寸部……四八
攴部……四八

卜部……四九
用部……四九
第四　目部——角部……五〇
目部……五〇
眉部……五〇
自部……五〇
白部……五一
羽部……五二
隹部……五三
奞部……五四
羊部……五四
鳥部……五四
烏部……五五
𠦒部……五六
冓部……五六
幺部……五六
𢆶部……五七
叀部……五七
予部……五七
𠬪部……五八
死部……五八
骨部……五九
肉部……五九
刀部……六〇
刃部……六二
角部……六二
第五　竹部——夂部……六三
竹部……六三
箕部……六四
左部……六四
工部……六四
甘部……六五

曰部……六五
丂部……六六
可部……六六
兮部……六六
亏部……六六
喜部……六七
壴部……六八
鼓部……六八
豈部……六八
豊部……六九
虍部……六九
皿部……六九
去部……七〇
丶部……七〇
青部……七〇
食部……七一
亼部……七一
入部……七二
矢部……七三
高部……七四
冂部……七五
京部……七五
㫗部……七六
畗部……七六
亩部……七六
嗇部……七六
來部……七七
夊部……七七
韋部……七八
弟部……七八
久部……七八
第六　木部——𨛜部……七九

木部……七九
東部……八三
林部……八四
之部……八四
帀部……八四
出部……八五
𣎵部……八五
生部……八六
束部……八七
㯻部……八七
囗部……八七
員部……八八
貝部……八八
邑部……九〇
𨛜部……九二
第七　日部——白部……九三
日部……九三
旦部……九五
倝部……九五
月部……九六
有部……九六
朙部……九七
夕部……九七
多部……九八
𠧪部……九八
齊部……九八
朿部……九九
禾部……九九
米部……一〇〇
臼部……一〇〇
凶部……一〇〇
宀部……一〇一

宮部……一〇四
呂部……一〇四
疒部……一〇五
冖部……一〇六
𠔼部……一〇六
冃部……一〇六
㒳部……一〇六
网部……一〇七
巾部……一〇七
帛部……一〇八
白部……一〇九
第八　人部——次部……一一〇
人部……一一〇
匕部……一一四
从部……一一四
比部……一一四
北部……一一四
丘部……一一五
㐺部……一一五
臥部……一一六
身部……一一六
衣部……一一六
裘部……一一八
老部……一一八
毛部……一一九
尸部……一一九
尺部……一二〇
尾部……一二〇
舟部……一二〇
方部……一二〇
儿部……一二一
兄部……一二一

先部……一二二
見部……一二二
欠部……一二二
㳄部……一二三
第九　頁部——象部……一二四
頁部……一二四
県部……一二五
須部……一二五
文部……一二五
髟部……一二六
后部……一二六
司部……一二六
卮部……一二六
卩部……一二七
色部……一二七
𠨍部……一二八
辟部……一二八
茍部……一二八
由部……一二九
山部……一二九
广部……一三〇
丸部……一三〇
危部……一三一
石部……一三一
長部……一三二
而部……一三二
昜部……一三三
象部……一三三
第十　馬部——心部……一三四
馬部……一三四
廌部……一三四
鹿部……一三五

犬部……一三五
能部……一三六
火部……一三六
黑部……一三七
大部……一三八
亦部……一三八
夭部……一三八
交部……一三九
幸部……一三九
夲部……一三九
夫部……一四〇
立部……一四〇
竝部……一四〇
思部……一四一
心部……一四一
第十一 水部——飛部……一四五
水部……一四五
林部……一四九
川部……一五〇
𠩺部……一五〇
永部……一五〇
仌部……一五〇
雨部……一五一
雲部……一五一
魚部……一五二
龍部……一五二
飛部……一五三
第十二 乙部——系部……一五四
乙部……一五四
不部……一五四
至部……一五五
西部……一五六

戶部……一五六
門部……一五七
耳部……一五八
手部……一五八
女部……一六〇
毋部……一六二
民部……一六三
乀部……一六三
氏部……一六三
戈部……一六四
我部……一六四
乚部……一六四
亾部……一六五
匸部……一六六
匚部……一六六
曲部……一六六
弓部……一六六
弦部……一六八
系部……一六八

第十三　糸部——力部……一六九

糸部……一六九
率部……一七三
虫部……一七三
䖵部……一七三
蟲部……一七四
風部……一七四
二部……一七四
土部……一七六
里部……一七六
田部……一七七
黃部……一七八
力部……一七八

第十四　金部——亥部……一八〇
金部……一八〇
几部……一八一
且部……一八一
斤部……一八一
斗部……一八二
車部……一八二
𠂤部……一八三
𨸏部……一八三
四部……一八四
五部……一八五
六部……一八六
七部……一八七
九部……一八七
内部……一八八
甲部……一八八
乙部……一八九
丙部……一八九
丁部……一九〇
戊部……一九〇
己部……一九一
庚部……一九二
辛部……一九二
壬部……一九二
癸部……一九三
子部……一九三
𠫓部……一九五
丑部……一九五
寅部……一九五
卯部……一九六
辰部……一九六
巳部……一九六

午部……一九八
未部……一九八
申部……一九九
酉部……二〇〇
酋部……二〇〇
戌部……二〇〇
亥部……二〇一
筆畫序檢字表……二〇三
《説文》序檢字表……二一三

分譜之九　武威漢簡字形譜

説　明……二二九
單　字……二三一
第一　一部——茻部……二三一
一部……二三一
丄部……二三二
示部……二三二
三部……二三五
王部……二三六
玉部……二三六
士部……二三六
丨部……二三七
屮部……二三七
艸部……二三八
茻部……二四二
第二　小部——冊部……二四三
小部……二四三
八部……二四四
半部……二四五
牛部……二四五
告部……二四七
口部……二四七

哭部……二五〇
走部……二五〇
止部……二五一
步部……二五二
此部……二五二
正部……二五二
是部……二五三
辵部……二五三
彳部……二五七
廴部……二五八
㢟部……二五九
行部……二五九
齒部……二六〇
足部……二六〇
冊部……二六一
第三　㗊部——用部……二六二
㗊部……二六二
舌部……二六二
干部……二六二
㕯部……二六三
句部……二六三
古部……二六三
十部……二六三
卅部……二六四
言部……二六五
誩部……二六八
辛部……二六八
丵部……二六九
菐部……二六九
収部……二七〇
共部……二七〇
異部……二七〇

舁部……二七一
爨部……二七一
革部……二七二
鬲部……二七二
䰜部……二七二
爪部……二七二
丮部……二七三
又部……二七三
𠂇部……二七六
史部……二七六
支部……二七六
𦘒部……二七七
聿部……二七七
畫部……二七七
隶部……二七七
臣部……二七八
殳部……二七八
殺部……二七八
寸部……二七九
攴部……二七九
教部……二八一
卜部……二八一
用部……二八二
第四　目部——角部……二八三
目部……二八三
自部……二八三
白部……二八四
習部……二八五
羽部……二八五
隹部……二八五
萑部……二八六
羊部……二八六

鳥部……二八七
烏部……二八七
華部……二八八
冓部……二八八
幺部……二八八
玄部……二八九
予部……二八九
受部……二八九
歺部……二九〇
死部……二九〇
冎部……二九〇
骨部……二九一
肉部……二九一
刀部……二九六
刃部……二九九
角部……二九九

第五　竹部——桀部……三〇一

竹部……三〇一
箕部……三〇三
左部……三〇四
工部……三〇四
曰部……三〇四
乃部……三〇五
可部……三〇六
兮部……三〇六
亏部……三〇六
旨部……三〇七
壴部……三〇八
鼓部……三〇八
豆部……三〇八
豊部……三〇九
虍部……三〇九

皿部……三〇九
去部……三一〇
丶部……三一〇
丹部……三一一
井部……三一二
皀部……三一二
鬯部……三一三
食部……三一四
亼部……三一六
會部……三一六
入部……三一六
矢部……三一七
冂部……三一九
京部……三一九
亯部……三一九
亩部……三二〇
嗇部……三二〇
來部……三二〇
夊部……三二〇
舛部……三二一
弟部……三二一
桀部……三二二
第六　木部——𨛜部……三二三
木部……三二三
東部……三三〇
之部……三三〇
帀部……三三一
出部……三三一
𣎵部……三三一
生部……三三二
稽部……三三二
束部……三三三

口部……三三三
員部……三三四
貝部……三三四
邑部……三三六
𨛜部……三三七
第七　日部——㡀部……三三八
日部……三三八
旦部……三三九
倝部……三三九
㫃部……三四〇
晶部……三四〇
月部……三四一
有部……三四一
朙部……三四二
夕部……三四二
多部……三四三
卤部……三四三
齊部……三四三
朿部……三四四
片部……三四四
鼎部……三四四
禾部……三四五
秝部……三四七
黍部……三四七
米部……三四八
麻部……三四八
韭部……三四九
宀部……三四九
宮部……三五二
疒部……三五二
冖部……三五二
冃部……三五三

网部……三五三
网部……三五四
襾部……三五四
巾部……三五四
白部……三五六
㡀部……三五六

第八 人部——㱃部……三五七

人部……三五七
匕部……三六三
从部……三六三
比部……三六四
北部……三六四
丘部……三六四
㐺部……三六五
重部……三六五
臥部……三六六
身部……三六六
衣部……三六六
裘部……三六九
老部……三六九
毛部……三七〇
尸部……三七〇
尺部……三七一
尾部……三七一
履部……三七二
舟部……三七二
方部……三七二
儿部……三七三
先部……三七三
見部……三七三
欠部……三七四
㱃部……三七五

第九　頁部——象部……三七六
頁部……三七六
面部……三七六
首部……三七七
𥄉部……三七七
須部……三七七
后部……三七八
司部……三七八
卩部……三七八
卯部……三七九
辟部……三七九
勹部……三七九
茍部……三八〇
由部……三八〇
山部……三八〇
广部……三八一
厂部……三八二
石部……三八三
長部……三八三
勿部……三八四
而部……三八四
豕部……三八四
㣇部……三八五
易部……三八五
象部……三八五
第十　馬部——心部……三八六
馬部……三八六
廌部……三八六
鹿部……三八七
犬部……三八八
能部……三八九
火部……三八九

黑部……三九〇
大部……三九一
亦部……三九一
交部……三九二
壺部……三九二
壹部……三九三
幸部……三九三
夲部……三九四
夫部……三九四
立部……三九四
竝部……三九五
心部……三九五
第十一　水部——非部……三九八
水部……三九八
川部……四〇二
仌部……四〇二
雨部……四〇三
魚部……四〇三
燕部……四〇四
非部……四〇四
第十二　乙部——系部……四〇五
乙部……四〇五
不部……四〇五
至部……四〇六
西部……四〇六
鹽部……四〇六
戶部……四〇七
門部……四〇八
耳部……四〇九
手部……四一〇
𠦬部……四一五
女部……四一五

毋部……四一九
民部……四一九
丿部……四二〇
乀部……四二〇
戈部……四二〇
我部……四二一
珡部……四二二
乚部……四二二
亾部……四二二
匚部……四二二
瓦部……四二三
弓部……四二四
弦部……四二五
系部……四二五
第十三　糸部——力部……四二七
糸部……四二七
素部……四三一
虫部……四三一
䖵部……四三二
二部……四三二
土部……四三二
里部……四三五
田部……四三六
黃部……四三六
男部……四三六
力部……四三七
第十四　金部——亥部……四三八
金部……四三八
勹部……四三九
几部……四四〇
且部……四四〇
斤部……四四一

斗部……四四一
車部……四四二
𠂤部……四四二
𨸏部……四四三
四部……四四五
叕部……四四五
五部……四四五
六部……四四六
七部……四四六
九部……四四六
内部……四四六
嘼部……四四七
乙部……四四七
丁部……四四七
戊部……四四八
己部……四四八
庚部……四四八
辛部……四四八
辡部……四四九
子部……四四九
𠫓部……四五〇
丑部……四五〇
辰部……四五一
巳部……四五一
午部……四五二
申部……四五二
酉部……四五二
酋部……四五五
亥部……四五五
筆畫序檢字表……四五七
《説文》序檢字表……四六九

分譜之八

尹灣漢簡字形譜

説明

一　本字形譜所收之字源自中華書局一九九七年九月出版的《尹灣漢墓簡牘》，該書收尹灣六號漢墓和尹灣二號漢墓所出簡牘，含木牘二十四枚，竹簡一百三十三枚。

二　字頭共有單字八百二十七個（没有合文）。

三　辭例所標出處悉依《尹灣漢墓簡牘》：Y表示墓址尹灣，M2表示二號漢墓，M6表示六號漢墓，D表示木牘，J表示竹簡，其後阿拉伯數字爲簡牘編次。「正」「反」表示雙面行文木牘的正反面，放在木牘編次後。「・」後的數字爲分欄簡牘中行文所在欄數。例如：「YM6D22」指尹灣六號墓第二十二號木牘，「YM6J127」指尹灣六號墓第一百二十七號竹簡，「YM6D3正・3」指尹灣六號墓第三號木牘正面第三欄。

單字

第一 一部——茻部

0001

一

一部
一
532

YM2D1 正 毋尊單衣～領

YM2D1 正 霜綺直領～領

YM2D1 正 羽青帬～

YM6D13 正 掊～

YM6D13 反 詘帶～

YM6D9 反 後～日至過日更期

YM6D22 反 奉府君記～封

YM6D2 正 小府嗇夫～人

YM6D12 反 烝栗棺中席～

YM6J115 ～鳥被央

YM6D12 反 糸履～兩

YM6D12 正 白鮮支單綺～

YM6D12 反 繡丸諸于～領

YM2D1 正 霜丸衣～領

YM6D9 反 直久什～生

YM6D13正
繩杅～

YM2D1正
帛霜幂～

YM2D1正
繡被～

YM6D12反
葛中單～

YM6D10正
十～月九日冬至

YM6D13正
列～

YM6D1正
丞～人

YM6J46
第～

YM6J66
第～

YM6D1反
～千六百五十二

YM6D1反
三萬三千八百七十～

0002

元

8

YM6D3反・3
橐宣～

YM6D10反
～延元年

YM6D10反
元延～年

YM6D7反
～卿二百

YM6D7正
莒子～

YM6J74
～延二年

YM6D7反
薛～功

0003

天

3

YM6J125
～而鳴

YM6J120
～地剛紀

YM6J125
倉＝～＝

0004

吏

58

YM6D15 反
謹遣～

YM6D18 正
奏主～師卿

YM6D2 正
都尉～員十二人

YM6D1 正
～員二千二百三人

上部

0005 重

上

26

YM6D6 正・3
鼓～華

YM6D7 正
淳于子～百

YM6D5 反・2
～爭界圖

YM6J52
甲午夜漏～六刻失火

YM6D1 反
年八十以～

YM6J124
卒～傅之

YM6D1 反
年九十以～

YM6D7 正
朱子～二百

YM6D8 正
薛君～

0006

旁

2

YM6D13 正
板～橐一具

YM6J129
尚羊其～

0007 重

下

22

YM6D23 反
威卿足～

YM6D14 反
請君兄馬足～

YM6D12 反
繝～常一

YM6D2正
~祁

YM6D1反
六歲以~

YM6D12反
纚丸~常一

YM6J37
丁亥宿~

YM6J39
宿彭傳舍~餔雨復

YM6J126
涕泣俟~

示部

0008
福

1

YM6D3正・2
朱~

0009
神

2

YM6D9正
用~龜之法

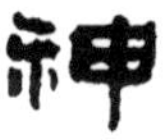
YM6J132
~烏傅

0010
祖

3

YM6D4・1
薛彭~

YM6D3正・1
武彭~

0011
禁

5

YM6D5正・4
成功~

YM6J84
以行莫敢~止

YM6J127
聖人~之

三部

0012

三

三

296

- YM6D2正 秩～百石
- YM6J103 寅～陽南門
- YM2D1正 右諸于～領
- YM6J48 第～乙未宿羽
- YM6D10正 ～月十九日立夏
- YM6D13反 幘～枚
- YM6J58 第～
- YM6J100 戌～陽北門
- YM6J100 子～陽西門
- YM6D12正 練單襦～領
- YM6J1 ～月大
- YM6J114 惟歲～月
- YM6D8反 易子敖～百
- YM6D1正 七千～百卌三
- YM6D1正 凡～百廿四人

王部

0013

王

王

31

- YM6D14反 徐中孫中郎～
- YM6D9正 ～氏
- YM6D3正・3 琅邪郡柜～蒙
- YM6D8反 ～季卿
- YM6D8反 ～君都
- YM6D7正 ～君都

YM6D7正 ～廉卿二百

YM6D7正 ～季卿

YM6D7反 ～季卿

YM6D7反 ～君功

YM6D8反 ～都卿

YM6D7正 ～公文

YM6D8反 ～廉卿

0014
閏

閏　1

YM6D10正 ～月小

0015
皇

皇　2

YM6J114 埶虫坊～

YM6J130 鳳～

玉部

0016
璧

璧　1

YM6D12反 ～

0017
瑕

瑕　2

YM6D3正·1 山陽郡～丘

0018
理
理
1

YM6J120
各有分~

0019
琅
琅
12

YM6D16反
~邪大守賢

YM6D4・2
~邪柔侯國

YM6D3正・3
~邪郡高廣侯國

0020
靈
靈
1

YM6J41
庚寅宿~亭

士部

0021
士
士
2

YM6J120
尚可爲~

丨部

0022
中
中
52

YM6J29
武原~門亭

YM6J77
蚤食至日~

YM6D13正
繒方緹~物疏

YM6D14反
~賓丞相史

YM6D12反
葛~單

YM6D12正
青鮮支~單

YM6J65
庚戌～伏

YM6D14反
徐～孫中郎王

YM6D9反
病匿幼～

YM6D12正
閒～單

YM6D2反
先馬～庶子十四人

YM6D3反·3
故郎～以積功

YM6D12反
棺～席

YM6J11
丁卯日～

YM6J37
～亭

YM6D7反
朱～實

艸部

0023
莊

8

YM6D3反·3
沛郡沛～敞

YM6D9正
～氏

YM6D7正
～少子

0024
莒

11

YM6D8反
～威卿

YM6D8反
～子元

YM6D8反
～君長

YM6D7正
～子高

YM6J59
～傳舍

YM6D5反·2
～政

編號	字頭	數量	出處及辭例
0025	蘭	22	YM6D7正 ~少實；YM6J29 ~陵傳舍；YM6J51 ~陵良亭
0026	薛	13	YM6D7正 ~君長；YM6D7正 ~子僑；YM6J25 ~卿
0027	苦	1	YM6J127 愁~孤子
0028	茅	1	YM6D7正 ~初卿
0029	蘄	2	YM6D3正・1 沛郡~
0030	莞	1	YM6D4・1 琅邪郡東~
0031	芘	1	YM6J130 魚鱉得於~（笓）笱
0032	茂	1	YM6J114 行義淑~

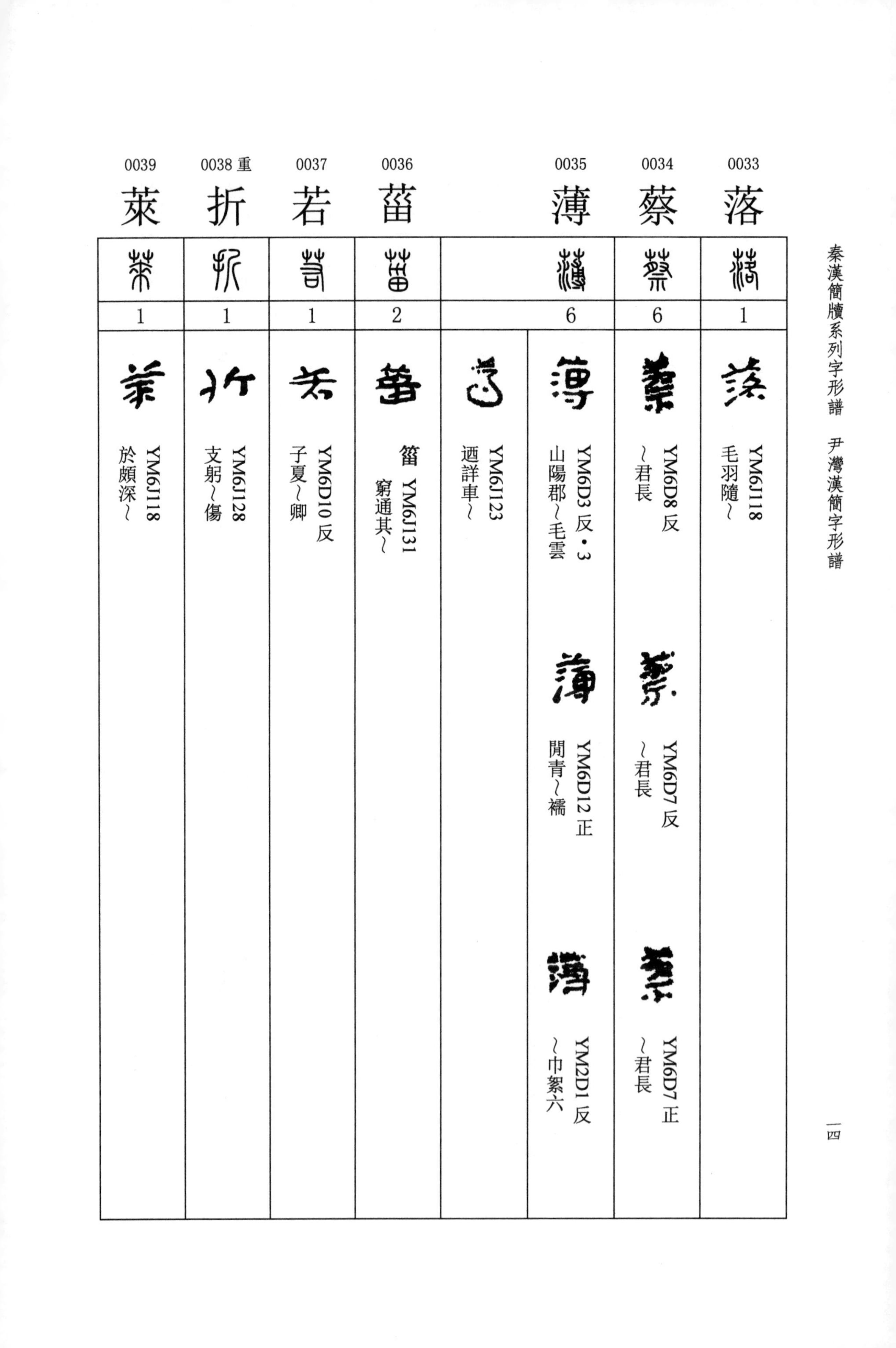

0033	0034	0035		0036	0037	0038 重	0039
落	蔡	薄		菑	若	折	萊
1	6	6		2	1	1	1
YM6J118 毛羽隨～	YM6D8 反 ～君長	YM6D3 反・3 山陽郡～毛雲	YM6J123 迺詳車～	甾 YM6J131 窮通其～	YM6D10 反 子夏～卿	YM6J128 支躬～傷	YM6J118 於頻深～
	YM6D7 反 ～君長	YM6D12 正 閒青～襦					
	YM6D7 正 ～君長	YM2D1 反 ～巾絮六					

0040 范

2

YM6D3正·3 即丘長膠國昌武～常

0041 菆

1

YM6J117 嶋往索～

0042 萅

45

春 YM6D10正 立～

YM6J56 癸卯～分

YM6D10正 立～

YM6D10正 ～分

YM6J30 辛巳宿南～宅

YM6J27 丁丑宿南～宅

YM6J46 辛卯朔宿南～宅

YM6J64 辛亥宿南～亭

YM6J66 癸丑宿南～亭

YM6J70 戊午宿南～亭

0043 䓘

1

YM6J115 狗麗此～（咎）

0044 䓁

1

YM6D9反 病～引

0045

薪

2

YM6J131
勒～（驥）

茻部

0046

莫

5

YM6J116
～敢摳去

YM6J41
壬辰～至府輒謁宿舍

YM6J24
～宿舍

第二 小部——品部

小部

0047

小

21

YM6J83
見人～吉

YM6J86
人～凶

M6D13反
～物

YM6J44
六月～

YM6D10正
七月～

YM6J45
十月～

YM6J43
二月～

YM6J44
四月～

YM6D13反
～巾

YM6J44
八月～

YM6D12反
練～綺

YM6J45
十二月～

0048

少

12

YM6D9反
～言語

YM6D7反
莒～平

YM6D7正
莊～子

YM6D8反
陳～平

YM6J55
陳～平

YM6D7正
戴～平

YM6D7正 陳~平

YM6D1反 二斗二升~

YM6D8反 莊~子

八部

0049

八

八

122

YM6J53 第~

YM6J63 第~

YM6D2正 凡~十六人

YM6D10正 ~月大

YM6J44 ~月小

YM6D1正 人四百~

YM6J14 第~

YM6D1正 侯國十~

YM6D10反 ~萬

YM6D1正 縣三老卌~人

YM6J36 ~百

YM6D1正 亭六百~十八

YM6D1正 縣邑侯國卌~

YM6D1正 縣十~

YM6J72 第~

0050

分

分

5

YM6D10正 春~

YM6J56 春~

YM6J62 秋~

YM6J120
各有～理

0051
曾
曾
3

YM6D3正·1
臨淮郡徐劉～

YM6D3反·3
山陽郡單父～聖

0052
尚
尚
3

YM6J123
～敢鼓

YM6J120
～可爲士

0053
公
公
4

YM6D7正
朱謁～千

YM6D7正
王～文三百

0054
必
必
6

YM6J84
生子～貴

YM6D9反
留見止～得

YM6J89
生子～吉

YM6J112
以行～轂留東縛

采部

0055
番
番
2

YM6D8反
～次禹

牛部

0056

牟

2

YM6D13反・2 頓～蠶一

0057

牢

32

YM6D2正 ～監一人

0058

物

9

YM6D12正 衣～疏

YM6D9反 何～人見亡

YM6D13正 ～疏

YM6J111 其～不全

YM6D6反・5 ～

告部

0059

告

10

YM6J60 喪～

YM6J73 ～

口部

0060 口

3

- YM6D1反 率～二斗八升有奇
- YM6J123 尚敢鼓～
- YM6D1正 ～百卌九萬七千三百

0061 呼

2

- YM6J118 追而～之
- YM6J129 憂悤嘑～

0062 名

7

- YM6D9正 ～長
- YM6D9正 ～歐
- YM6D9正 ～起

0063 吾

8

- YM6D5正 司～丞
- YM6J118 ～自取材
- YM6J120 ～聞君子

0064 君

101

- YM6D15反 問～兄起居
- YM6D23正 兒～
- YM6D12正 ～兄衣物疏
- YM6D13正 ～兄
- YM6D14反 請～兄馬足下
- YM6D19反 問～兄起居
- YM6D10反 師～兄
- YM6D12反 ～直繡綺衣一領
- YM6D12反 單襦一領送～兄
- YM6J47 ～不幸
- YM6D8反 蔡～長
- YM6D7正 陳～兄五百

YM6D7反
師～長

YM6D8反
西郭～高

YM6D8反
譚～房

YM6D8反
京～兄

YM6D8反
王～都

YM6D8反
周～長

YM6D7正
陳～嚴

YM6D7反
淳于～房

YM6D7反
州～游

0065

命

3

YM6J115
何～不壽

YM6J127
見危授～

YM6J125
～也夫

0066

問

9

YM6D15反
～君兄起居

YM6D19反
～君兄起居

YM6D9反
～行者

0067

唯

4

YM6J111
～得其門

YM6J112
～得其門

YM6J131
其～〈鳴〉哀

0068

咄

1

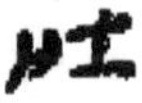
YM6J118
～盜還來

0069

哉

4

YM6J119
豈不怠～

YM6J121
甚～

YM6J127
益～

0070

嘑

1

YM6J129
憂悤～〈號〉呼

0071

咸

2

YM6D3 反・3
盛～

YM6D4・2
陳～

0072

吉

7

YM6J83
見人小～

YM6J83
生子大～

YM6J84
見人大～

YM6J90
行道～凶

0073

周

14

YM6D3 正・3
～喜

YM6D4・2
～承休

YM6D8 反
～君長

0074

唐

5

YM6D3 反・3
山陽郡邛成～湯

YM6D4 正・1
汝南郡汝陰～宣

0075

各

8

YM6D13 反・1
鏡及衣～一

YM6D13 正
管及衣～一

YM6J126
～不同時

YM6D1 正
孝弟力田～百廿人

YM2D1 反
骨尺及刀～一

0076 哀

3

YM6J131 其唯～

YM6J128 其鴆大～

0077 叩

2

YM6D22反 饒叩頭～頭

0078 哈

1

YM6D12反 ～〈哈〉具

吅部

0079 單

28

YM2D1正 帛繵～帬

YM2D1正 右衣～復凡九領

YM2D1正 縑～帬

YM2D1正 毋尊～衣

YM6D12正 ～被

YM2D1正 右緗～襦

YM2D1正 ～衣一領

YM6D3反・3 ～父曾聖

YM6D12正 白鮮支～綺

YM6D12正 閒中～

YM6D12正 青鮮支中～

YM6D12正 鮮支～襦

YM2D1 正
繡鮮支～諸于

YM6D12 反
葛中～

YM6D12 反
～繻一領送君兄

走部

0080
走

1

YM6J123
女不亟～

0081
起

6

YM6D15 反
～居

YM6D9 正
名～

YM6D9 反
恐不～

YM6J123
隨～擊焉

YM6J123
聞不能～

止部

0082
止

7

YM6J127
～于

YM6J25
大風盡日～

YM6J62
雨盡夜～

YM6J84
以行莫敢禁～

YM6J118
～行

0083
歬

11

前 YM6D9正　直～左足者

YM6D9正　直～左足者

YM6D3反・3　故戊校～曲候令史

YM6D1正　四百八如～

YM6D1正　如～

YM6D1正　人如～

癶部

0084
登

1

YM6D4・2　夏侯～

步部

0085
歲

8

YM6D4・1　十～

YM6J115　今～不翔

YM6D1反　一～諸錢出

此部

0086
此

3

YM6D9正　以～右行

YM6J115　狗麗～

YM6J131　～之謂也

正部

0087 正

15

YM6D9正
～西

YM6J1
～月大

YM6D10正
～月大

YM6D10正
～月十四日立春

YM6D1正
二千五百卅四～

辵部

0088 辻

4

徒 YM6D3正・1
捕格山陽亡～

YM6D3正・3
捕格山陽亡～

0089 隨

3

YM6J123
～起擊焉

YM6J118
毛羽～（墮）落

0090 過

2

YM6D9反
後一日至～日更期

YM6J121
悔～遷臧

0091 進

7

YM6D19正
～主吏

YM6D23正
～長安令

YM6D14正
～卒史

0092 遇

2

YM6J117 道與相～

YM6J131 誠寫～以意傅之

0093 逢

2

YM6D3 正・3 ～賢

0094 通

1

YM6J131 窮～其箇

0095 遷

97

YM6D3 正・1 以廉～

YM6D4・1 以功～

YM6J121 悔過～臧

0096 還

2

YM6J118 盜～來

YM6D9 反 欲～未敢也

0097 送

8

YM6D12 反・3 ～君兄

YM6D12 反 單襦一領～君兄

0098 遣

6

YM6D14 反 謹～功曹史

YM6D15 反 謹～吏

YM6D16 反 謹～吏

0099 連

2

YM6J116 支格相～

編號	字頭	篆文	數量	字形	出處
0100	遂		3		YM6J129 ～棄故處
					YM6J128 ～縛兩翼
					YM6J123 ～相拂傷
0101	追		1		YM6J118 ～而呼之
0102	逐		1		YM6J38 ～賊
0103	迫		2		YM6D16反 ～秉職
					YM6D19反 ～疾
0104	遠		4		YM6D9反 ～反未至
					YM6J117 未得～去
0105	道		9		YM6D9反 ～婦見善室人
					YM6J90 行～吉凶
					YM6J117 ～與相遇
0106	遺		1		YM6D19反 弟子～

彳部

0107 德

8

YM6J78
刑～

YM6J79
～端

YM6J82
～端

YM6J88
以～時請謁

YM6J116
府君之～

YM6J77
刑～行時

0108 復

17

YM2D1正
右衣單～凡九領

YM6D12正
纓綺～衣一領

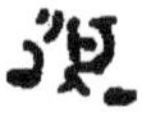
YM6D9反
難得＝～亡

YM6D12正
早～襘褕一領

YM6D12正
早丸～衣一領

YM6J39
雨～

0109 往

1

YM6J117
嶋～索莪

0110 徼

40

YM6D2正
游～四人

YM6D3正・3
故游～

0111 徐

5

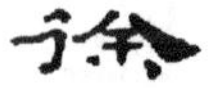
YM6D14反
謁者～中孫中郎王

YM6D3正・1
臨淮郡～劉曾

0112

後

7

YM6D9正　直～左足者

YM6J17　庚午～伏

YM6D10正　六月廿五日～伏

YM6J127　毋聽～母

0113

得

33

YM6J113　行～三陰毋門

YM6D16反　迫秉職不～離國

YM6D9正　～爲鄭氏

YM6D9反　不～

YM6J87　亡者必～

YM6D6反・5　寡代户者～以同居

YM6J114　頗～

YM6J117　未～遠去

YM6J129　盜反～免

YM6J130　魚鱉～於芘笱

廴部

0114

建

19

YM6D5正・4　～鄉丞

YM6D11　～日午

YM6D3反・3　～陵相

YM6J31 宿～陽傳舍

YM6J33 宿～陽傳舍

㢟部

0115 延

5

YM6D10反 元～元年

YM6D17反 楚相～

行部

0116 行

55

YM6J83 以～有熹

YM6J86 以～不利

YM6D2反 僕～人門大夫三人

YM6J110 ～者憂事亦成

YM6D9正 以此右～

YM6J111 ～得二陽一陰

YM6J114 ～義淑茂

YM6J118 止～

YM6J120 不～貪鄙

牙部

0117

牙

1

YM6D13反
須～一

足部

0118

足

9

YM6D9正
直後左～者

YM6D9正
直後右～者

YM6D14
反請君兄馬～下

YM6D9正
直前左～者

品部

0119

品

1

YM6D5反・1
人皆如～

第三　干部——用部

干部

0120 干

4

YM6D6正·2

乘與終~

YM6D4·2

~鄉侯家丞

句部

0121 句

1

YM6D3正·2

丹楊郡~容

0122 笱

1

YM6J130

茈~

十部

0123 十

310

YM6D1正

亭六百八~八

YM6J66

予房錢二百八~

YM2D1正

帬~

0124

千

137

YM6D2正
鄉嗇夫～人

YM6J16
第～

YM6J45
～二月小

YM6D1正
卒二千九百七～二人

YM6D1正
凡～二人

YM6D7反
永始二年～一月

YM6D1正
鄉百七～

YM6D11
見五～二人

YM6D1正
鄉三老百七～人

YM6J3
～一月大

YM6D10正
～一月九日

YM6D1正
相～八人

YM6D1反
六千六百六～四萬

YM6D10反
三月～六日

YM6D10正
三月～九日立夏

YM6J11
予房錢～

YM6D8正
共～錢

YM6D1正
萬一～六百六十二

YM6D1反
十萬七～三百

YM6D2正
秩～石

YM6D3正・1
左騎～人

YM6D1正
九萬七～三百

YM6D1反
成户七～卌九

YM6J51
丁酉宿家予房錢～

0125 博 博 3

YM6D3反・1 沛郡相朱～
YM6J48 從卿之羽宿～望置

0126 廿 廿 95

YM6D10正 六月～日立秋
YM6J65 第～
YM6D10正 六月～五日後伏

YM6D10正 五月～四日初伏
YM6D1正 其～四
YM6D1反 ～六萬二千五百八十八

YM6J29 第～
YM6D1正 多前二千六百～九
YM6D1正 孝弟力田各百～人

0127 卌 41

YM6D12反 凡～九領
YM6D2正 亭長～三人
YM6D1正 丞～四人

YM6D1反 ～一萬二千五百八十一

卅部

0128 卅 卅 55

丗 YM6D2正 亭長～二人
YM6D6正・1 乘與弩係緯～八
YM6D1正 郵～四人

YM6D1正　縣三老～八人

YM6D1正　縣邑侯國～八

YM6D1正　二千五百～四

YM6D1正　二千五百～二人

0129 世
世
1

YM6D4・2　～故侯

言部

0130 言
言
3

YM6J128　毋信讒～

YM6D9反　謹少～語

0131 語
語
1

YM6D9反　謹少言～

0132 謂
謂
2

YM6J125　顧～其嶋曰

YM6J131　此之～也

0133 請
請
21

YM6D14反　～君兄馬足下

YM6J88　～謁

YM6J83　～謁

0134 謁

29

YM6D3 反·3
以～詔除

YM6J83
以端時請～

YM6J88
以德時請～

YM6D14 反
奉～爲侍

YM6J50
夕～宿邸

YM6J15
戊辰旦～宿舍

YM6D7 正
朱～公千

0135 許

5

YM6D3 正·3
潁川郡～胡忠

YM6D7 正
～君功

0136 諸

12

YM2D1 正
絈綺～于一領

YM6D12 正
早丸～于一領

YM6D12 反·4
～于一領

0137 詩

1

YM6J127
～【云】

0138 詳

1

YM6J123
迺～車薄

0139 謹

10

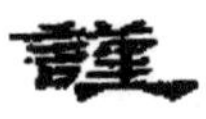

YM6D14 反
～遣功曹史

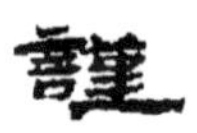

YM6D15 反
～遣吏

YM6D23 反
～請吏奉謁再拜

YM6D9 反
曲婦惠~少言語

0140
誠

2

YM6J131
~寫遇以意傳之

0141
詔

6

YM6D13 正・2
恩澤~書

YM6D3 正・1
請~除

YM6D3 反・3
以請~除

0142
訢

1

YM6D4・2
韓~

0143
記

3

YM6D22 反
奉府君~一封

YM6J29
奏~

0144 重
愬

1

YM6J129
毋所告~

0145
詘

2

YM6D13 反
~帶一

YM6D9 反
~婦不終生

0146
詑
1

YM6J115
自~（託）府官

0147
譚
2

YM6D4・2
～故侯

言部

0148 重
善

1

YM6D9 反
道婦見～室人

音部

0149
章

1

YM6D3 正・2
田～始

辛部

0150
童

2

YM6D6 正・2
乘與車～百二

0151
妾

1

YM6J127
～志所持

丵部

0152 重 對

對 1

- YM6D13正 楚相内史～

菐部

0153 僕

僕 25

- YM6D2反 ～行人門大夫三人
- YM6D3正・3 故侯～以功遷
- YM6D1正 ～行人門大夫

収部

0154 奉

奉 13

- YM6D23反 ～謁再拜
- YM6D3正・3 王～
- YM6D3反・3 京兆尹～明

0155 丞

丞 157

- YM6D14反 中賓～
- YM6D2正 ～一人
- YM6D3反・3 平曲～
- YM6D3正・3 利成～汝南郡
- YM6J40 丙戌宿高廣～舍
- YM6D1正 侯家～十八人

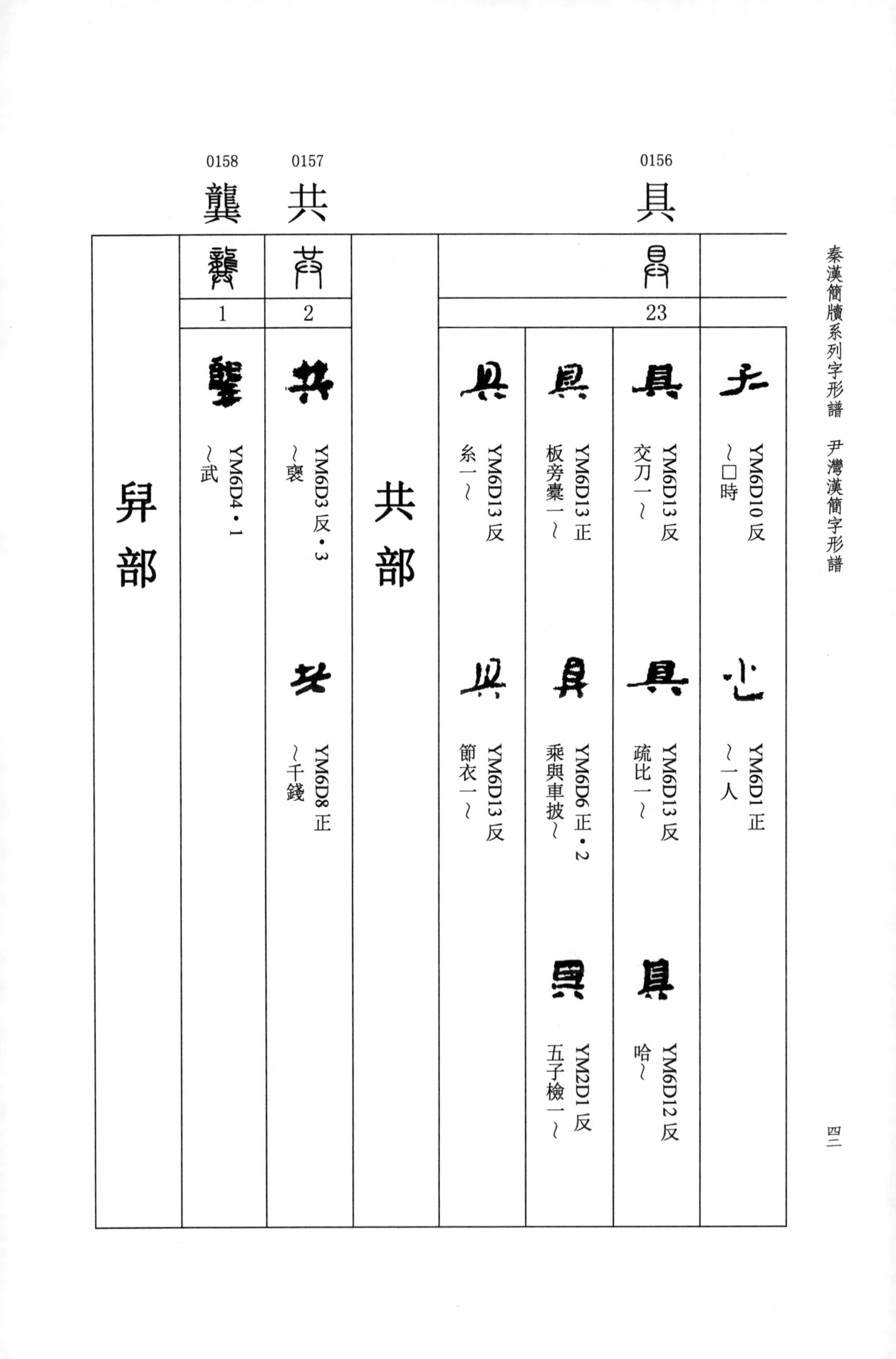

0156 具

23

- YM6D10反　~□時
- YM6D1正　~一人
- YM6D13反　交刀一~
- YM6D13反　疏比一~
- YM6D12反　哈~
- YM6D13正　板旁橐一~
- YM6D6正・2　乘與車披~
- YM2D1反　五子檢一~
- YM6D13反　糸一~
- YM6D13反　節衣一~

共部

0157 共

2

- YM6D3反・3　~褎
- YM6D8正　~千錢

0158 龔

1

- YM6D4・1　~武

异部

0159
與

62

YM6D6 正・2 乘～靡柎百六十四

YM6J117 道～相遇

YM6J125 何～其

革部

0160
勒

1

YM6J131 ～（騏）薪爲之余行

爪部

0161
爲

11

YM6D14 反 奉謁～侍

YM6D9 正 自歸～莊氏名餘

YM6D9 正 昜得～王氏

为 YM6J116 ～狸貍得

YM6J120 尚可～士

YM6J131 勒薪～之余行

又部

0162
又

1

YM6J109 ～得其門

0163 右 49

- YM6D9正 直～脅者
- YM6D9正 直後～足者
- YM6D9正 以後左足而～行
- YM6D3正・3 故陰陵～尉以功遷
- YM2D1正 ～直領二領
- YM2D1正 ～帬十
- YM2D1正 ～繻凡六領
- YM2D1正 ～諸于三領

0164 父 6

- YM6D3正・2 魯史～慶
- YM6D5正・2 ～死寧
- YM6D3反・3 山陽郡單～曾聖

0165 夬 2

- YM6D5反・1 今右～亡

0166 尹 7

- YM6D3反・3 京兆～南陵
- YM6D3反・3 京兆～奉明

0167 及 5

- YM6D13反 鏡～衣各一
- YM6D13正 笲～衣
- YM6D13正 管～衣
- YM6J116 澤～昆虫
- YM2D1反 骨尺～刀各一

0168
秉

1

YM6D16 反
～職

0169
反

6

YM6D9 反
遠～未至

YM6J114
～餔於親

YM6J129
盜～得免

YM6D11
～文未

YM6J120
夫惑知～

YM6J119
～怒作色

0170
叔

2

YM6D10 反
季子～

0171
取

6

YM6D9 反
占～婦嫁女

YM6J117
材見盜～

YM6D3 正・3
～慮邑

史部

0172
史

167

YM6D14 反
～后中子再拜

YM6D3 正・1
從～

YM6D3 正・1
[故]豫州刺～

YM6D2 正
卒～九人

YM6D13 正
楚相內～對

YM6D14 反
謹遣功曹～

0173
事

16

YM6J26
從～休宿家

YM6D1 正
卒～九人

YM6D9 反
長婦有儲～

YM6D9 反
～決

YM6D3 反・3
故□～

YM6D3 正・1
故豫州刺史從～史

YM6J110
行者憂～亦成

YM6J36
壬午奏～官

攴部

0174
支

10

YM6J116
～（枝）格相連

YM6D12 正
白鮮～單綺

YM6D12 正
鮮～單襦二領

YM6D12 正
青鮮～中單

YM6D11
～未

YM2D1 正
帛繡鮮～單襦

聿部

0175
筆

1

YM6D13 正
～二枚

0176

書

12

YM6D18反

謹遣～吏

YM6D3正・3

水衡都尉～佐

YM6D2正

～佐九人

YM6D13正

恩澤詔～

YM6D13正

六甲陰陽～一卷

畫部

0177

畫

1

YM6D5反・2

～圖一人

臣部

0178

臣

1

YM6D6反・5

～請

0179

臧

2

YM6J130

執而深～（藏）

殳部

0180
殸

7

YM6J83
～者毋罪

YM6J87
～者有罪

YM6J84
～者毋罪

0181
段

1

YM6D12 反
纚～領一

寸部

0182
將

9

YM6D3 正・3
故罷～户車

YM6D3 正・1
山陽亡徒～率

YM6D9 反
難得人～賣之

YM6J131
烏之～死

攴部

0183
故

129

YM6D3 正・1
～侍郎以功遷

YM6D13 反
～絮七枚

YM6D3 正・3
～侯僕以功遷

YM6J129
遂棄～處

YM6J124
至其～處

YM6J117
忽然如～

0184
政

2

YM6D5反·2
奏事一人莒～

0185
更

3

YM6D9反
過日～期

YM6D5反·2
周方傅～

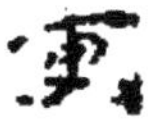
YM6J127
～索賢婦

卜部

0186
占

2

YM6D9正
～雨

YM6D9反
～取婦嫁女

用部

0187
用

4

YM6D9正
～神龜之法

YM6D2正
～筭佐一人

YM6D1反
～穀

第四　目部——角部

目部

0188 瞏

1

瞏 YM6D7正 ~子真

0189 相

59

YM6D14反 中賓丞~史

YM6D3反・3 陰平~

YM6D13正 楚~內史對

YM6D3反・3 建陵~

YM6D3正・3 故丞~屬

YM6J117 道與~遇

眉部

0190 省

1

YM6D11 月~未

自部

0191
自

6

YM6D9正 ~歸

YM6J115 ~詑府官

YM6J120 今子~已

YM6J124 ~解不能

YM6J128 幾~君子

白部

0192
皆

2

YN 百事~成

0193
魯

11

YM6D3反・3 ~國魯橋敬

YM6D3反・3 魯國~旦恭

0194
者

37

YM6D14反 謁~

YM6J89 疾~不死

YM6D9正 直後左足~

YM6D9反 問行~

YM6J86 ~有罪

YM6D6反・5 寡代户~

YM6J87 亡~必得

YM6J83 疾~不死

YM6D3反・3 以捕格不道~除

0195

百

𦣻

498

YM6D2正
秩六～石

YM6D8反
夏子都二～

YM6D8反
京君兄～

YM6D8反
番次禹二～

YM6D8反
王季卿二～

YM6D7正
李次禹～

YM6J36
癸未予房錢八～

YM6J27
予房錢～

YM6J47
庚寅予房錢四～

YM6D7反
薛子孝二～

YM6J66
予房錢二～八十

YM6D7正
劉子嚴三～

YM6D1正
凡三～廿四人

YM6D1正
二千五～卌二人

YM6D1正
鄉三老～七十人

YM6D1正
孝弟力田各～廿人

YM6D1正
卒二千九～七十二人

YM6D1正
亭六～八十八

YM6D1反
六千六～六十四萬

羽部

0196 羽

14

YM2D1正 ～青諸于

YM6D13反 ～林蠶二

YM6D6正·2 乘與五采～

YM2D1正 ～青帬一

YM6J48 第三乙未宿～

YM6J118 毛～隨落

YM6J49 第四丙申宿～

0197 翔

2

YM6J115 今歲不～（祥）

隹部

0198 雞

2

YM6J77 ～鳴至蚤食

0199 雄

1

YM6J124 其～惕而驚

奞部

0200 奞

1

YM6D5正·3 蘭陵左尉周～死

羊部

0201 羊

3

YM6J130 鳳皇孤而高～（翔）

YM6D7正 ～子張三百

鳥部

0202 鳥

4

YM6J119 盜～不服

YM6J121 盜～嘳然怒曰

YM6J131 ～獸且相懮

0203 鳳

1

YM6J130 ～皇

0204 重 難

6

難 YM6D9正 ～得爲李氏名多

YM6D9正 ～得爲陳氏名安

YM6D9反 ～得=復亡

	字形	辭例
（續）	𥂁	YM6D9反 見深～決

0205 鳴 (2)

字形	辭例
篆文	
1	YM6J77 雞～至蚤食
2	YM6J125 申頸比天而～

0206 ⿰厷鳥 (2)

字形	辭例
1	YM6J117 ～（雄）行求
2	YM6J128 其～（雄）大哀

0207 鴜 (3)

字形	辭例
1	YM6J125 顧謂其～（雌）曰
2	YM6J117 ～（雌）往索菆

烏部

0208 烏 (12)

字形	辭例
1	YM6J132 神～傅
2	YM6J115 一～被央
3	YM6J114 ～寂可貴
4	YM6J123 亡～被創
5	YM6J129 亡～被患
6	YM6J120 亡～曰
7	YM6D13正 ～傅

0209 重

於

6

YM6J118 ～頗深莢

YM6J114 餔～親

YM6J130 魚鱉得～芘笱

YM6J130 衆烏麗～羅罔

YM6J130 良馬仆～衡下

0210

焉

1

YM6J123 隨起擊～

華部

0211 重

棄

1

YM6J129 遂～故處

冓部

0212

再

10

YM6D15反 奉謁～拜

YM6D21反 謹使吏奉謁～拜

YM6D23反 謹請吏奉謁～拜

幺部

幺部

0213

幼

2

YM6D7 正
～君

叀部

0214

幾

2

YM6J128
～自君子

0215

惠

2

YM6D9 反
曲婦～謹少言語

YM6D7 正
唐～卿二百

予部

0216

予

7

YM6J11
～房錢千

YM6J36
癸未～房錢八百

YM6J27
～房錢百

YM6J68
癸丑～房錢二百

YM6J51
丁酉宿家～房錢千

YM6J47
庚寅～房錢四百

YM6J66
~房錢二百八十

受部

0217
受

1

YM6D1反
~杖

0218
爭

1

YM6D5反・2
上~界圖一人

0219重
殷

4

敢 YM6D9反
欲還未~也

YM6J84
以行莫~禁止

YM6J116
莫~搵去

死部

0220
死

26

YM6J113
不可行行必~亡

YM6J83
疾者不~

YM6J128
卒以~亡

YM6J86
疾者~

YM6J89
疾者不~

YM6J87
生子子~

YM6J84
疾者不～

YM6D9反
直久不～

YM6J127
以～傷生

骨部

0221
骨

1

YM2D1反
～尺

肉部

0222
脊

2

YM6D9正
直右～者

YM6D9正
直左～者

0223
股

2

YM6D6正·1
乘與鐵～衣

0224
臘

2

YM6D10正
十二月十七日～

YM6J67
庚戌～

0225
胡

7

YM6D3正·3
～忠

YM6D6正·2
乘與幡～鋸齒

YM6D5反·2
～君門下

0226 散

2

散 YM2D1正 霜～紟

刀部

0227 刀

9

YM6D13正 ～二枚

YM6D13反 交～一具

YM6D12反 ～一

YM6D13反 ～帶具

0228 利

12

YM6J86 以行不～

YM6D2正 ～成吏員六十五人

YM6J87 以行不～

YM6J38 宿～縣南門亭

0229 初

5

YM6D10正 ～伏

YM6D7正 茅～卿

YM6D7正 左～卿

0230 則

1

YM6J128 投于汙～（廁）

0231 剛

2

YM6J120 天地～（綱）紀

0232 刻

1

YM6J52 甲午夜漏上六～失火

0233 副

1

YM6D18反 五官掾～

0234 列

2

YM6D13正 ～一

YM6D13正 ～女傅

0235 罰

9

YM6J85 以～時請謁

YM6J81 ～刑德端令

YM6J82 令～刑德端

YM6J78 端令～刑德

0236 刑

7

YM6J77 ～德行時

YM6J78 端令罰～德

YM6J80 ～德端令罰

YM6J82 令罰～德端

YM6J81 罰～德端令

YM6J79 德端令罰～

0237 刺

3

刾 YM6D3 正・2 青州~史

YM6D3 正・2 楊州~史

YM6D3 正・1 豫州~史

刃部

0238 刃

2

YM6D6 正・3 乘與有方矛釦戈槀~

0239 重 創

1

YM6J123 亡烏被~

0240 重 劍

2

YM6D12 反 ~一

角部

0241 衡

2

YM6J130 良馬仆於~下

0242 解

5

YM6J124 自~不能

YM6D9 反 輕易~

YM6D11 ~衍丑

第五　竹部——夊部

竹部

字號	字頭	小篆	字數	字形及出處
0243	竹		2	 YM6D3正·1 沛郡~朱
0244	節		4	 YM6D13反 費~一  YM6D13反 ~衣一具  YM6D13反 ~司
0245	簧		1	 YM6D13反 ~蠶
0246	管		4	 YM6D13正 ~及衣  YM6D4·2 丘~儀
0247	第		44	 YM6J11 ~六  YM6J39 ~七  YM6J58 ~三  YM6J46 歸~宿家

0248
簿

5

YM6D1正·1
集～

YM6D8正
蕭主～

箕部

0249重
其

27

YM6J112
唯得～門

YM6D1正
～廿四

YM6J114
～姓好仁

YM6J125
何與～

左部

0250
左

30

YM6D9正
直～脅者

YM6D9正
直後～足者

YM6D7正
～初卿二百

工部

0251
式

1

YM6D6反·2
兵車～二兩

0252
巨

5

YM2D1 正 右~巾三

YM2D1 正 青~巾一

甘部

0253
甚

4

YM6J15 ~雨

YM6J30 ~雨

YM6J119 今子相意~

曰部

0254
曰

7

YM6J125 顧謂其嶋~

YM6J131 曾子~

YM6J130 傅~

0255
沓

1

YM6D6 反・4 鈃~

0256
曹

13

YM6D15 正 東海大守功~

YM6D22 反 東海大守功~史饒

YM6D3 反・3 ~平

丂部

0257
寧

6

YM6D5正·3
伯父死～

YM6D5正·3
右六人～

可部

0258
可

8

YM6D9正
～得爲朝氏名歐

YM6J113
不～行=

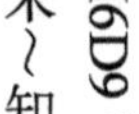
YM6D9反
疑未～知

YM6J114
烏寂～貴

YM6J120
尚～爲士

兮部

0259
乎

1

YM6J131
何兄人～

亏部

0260

亏

亏

23

于 YM2D1正 絈綺諸～

YM2D1正 繝鮮支單諸～

YM6D4・1 淳～賞

YM6D12反 繝丸諸～

YM6D8反 ～勢

YM6D7反 ～子勢

YM6D7正 淳～子

YM6J127 止～

0261

平

平

31

YM6D15反 南陽謝長～

YM6D8反 陳少～二百

YM6D3反・3 都～相山陽郡稾宣元

YM6D16反 南陽楊～卿

YM6J36 甲申宿陰～

YM6D3反・3 陰～相河南郡

YM6D7正 陳少～

YM6D7反 子～二百

YM6D7反 莒少～百

喜部

0262

喜

喜

3

YM6J88 見人～成

YM6D3正・3 東郡東阿周～

壴部

0263

憙

4

YM6D9反
行者有～

YM6D15反
沛郡大守長～

0264

彭

23

YM6J46
壬辰朔宿～城傳舍

YM6J34
第三乙酉宿～城傳舍

YM6J39
～城傳舍下餔雨復

YM6J57
癸卯宿～城傳舍

YM6J37
第六戊子宿～城傳舍

YM6J40
庚寅宿～城傳舍

YM6J63
～城防門亭

YM6J36
丁亥宿～城傳舍

鼓部

0265

鼓

14

YM6D6正・3
乘與～上華

YM6D6正・6
～□八百卌一

豈部

0266
豈
豈
1

YM6J119
~不怠哉

豐部

0267
豐
豐
2

YM6D3反·3
王~

虍部

0268
虞
虞
1

YM6D5正·4
~賀

皿部

0269
盡
盡
4

YM6J26
乙亥~

YM6D10反
約五月~

YM6J25
大風~日止

去部

0270 去

7

YM6J29 薛卿旦～

YM6J115 ～色就安

YM6J127 疾行～矣

YM6J117 未得遠～

YM6J130 高翔而～

YM6J116 莫敢摳～

丶部

0271 主

6

YM6D18正 奏～吏師卿親

YM6J65 彭城傳舍～簿蔡卿至

YM6D8正 薔～簿

青部

0272 青

16

YM2D1反 ～繒履一

YM6D12反 ～丸復襦一領

YM2D1正 羽～幕一

YM6D12正 ～鮮支中單一領

YM2D1正 羽～諸于一領

YM2D1反 ～幕一

食部

0273 食

4

YM6J77 蚤～至日中

YM6J54 丙申～已發宿開陽亭

YM6D1 正 斗～五百一人

0274 餔

4

YM6J77 日中至～時

YM6J114 反～（哺）於親

0275 饒

2

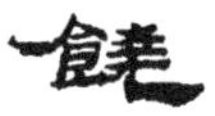

YM6D22 反 東海大守功曹史～

0276 餘

2

YM6D9 正 莊氏名～

YM6J124 絶繫有～

亼部

0277 合

9

YM2D1 正 帛繡～直領一領

YM2D1 正 繡丸～幕一

YM2D1 正 霜散～幕一

0278 今

11

YM6J115 ～歲不翔

YM6J119 ～子相意

YM6D5 反・1 ～右央亡

0279

舍

65

YM6J126 ~雖隨我

YM6D9反・3 ~日宜至

YM6D9正・1 至~日之日止

YM6J55 宿莒傳~

YM6J68 宿良成傳~

YM6J14 丁卯旦發宿~

YM6J33 宿建陽傳~

YM6J16 壬申旦謁宿~

YM6J24 丙子宿~

YM6J24 夕發輒謁宿~

YM6J27 夕謁宿~

YM6J15 旦謁宿~

YM6J59 乙巳宿彭城傳~

YM6J56 宿吕傳~

YM6J11 日中至府宿~

YM6J48 宿菑丘傳~

YM6J51 宿子嚴~

YM6J54 傳~

入部

0280

入

3

YM6D1反 一歲諸穀~

YM6D1反 一歲諸錢~

0281
内

3

YM6D3 正・1
故長沙～史丞

YM6D5 正・1
輸錢都～

YM6D9 反
外～相引

YM6D13 正
楚相～史對

0282 重
全

2

YM6J111
以行其物不～

YM6D3 正・1
廣陵郡～椒

矢部

0283
矢

5

YM6D6 正・1
乘與弓～五百一十

YM6D6 正・1
乘與弩～

0284
射

1

YM6J117
見我不～(謝)

0285
侯

78

YM6D3 正・3
故～行人以功遷

YM6D21 反
良成～頷

YM6D1 正
～國十八

YM6D1 正
縣邑～國卌八

YM6D1 正
～家丞十八人

YM6J126
涕泣～〈疾〉下

0286
知

2

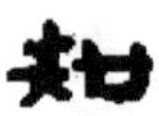
YM6D9反
疑未可～

YM6J120
夫惑～反

0287
矣

1

YM6J127
疾行去～

高部

0288
高

12

YM6D9反
～婦當家難輿

YM6D3正·3
～廣侯國王恁

YM6D8反
西郭君～

YM6J130
鳳皇孤而～羊

YM6J115
～樹綸棍

YM6J58
庚子宿～廣都亭

0289
亭

78

YM6D3反·3
故～長以捕格不道者

YM6D3反·3
故～長

YM6J58
庚子宿高廣都～

YM6J48
癸巳宿竭慮～

YM6J66
癸丑宿南春～

YM6J68
丙辰宿南春～

YM6J63
庚戌宿彭城防門～

YM6J61
戊申宿鹿至～

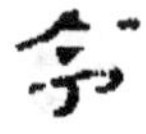
YM6D1正
佐使～長

YM6J66
壬子宿南春～

冂部

0290
市

4

YM6D5正·1
～魚就財物河南

YM6D5正·2
～材

0291
央

1

YM6J115
一烏被～（殃）

京部

0292
京

7

YM6D3反·3
建陽丞～兆尹

YM6D7反
～君兄

YM6D7正
～君兄百

0293
就

4

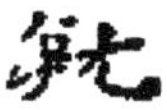
YM6J115
去色～安

YM6J119
唯～宮持

㫗部

0294
厚

5

YM6D3・2
～丘左尉

YM6J17
壬申宿～丘平鄉

畗部

0295
良

17

YM6D3 正・3
柔侯國宗～

YM6J68
甲寅宿～成傳舍

YM6J51
第七己亥宿蘭陵～亭

YM6J130
～馬仆於衡下

㐭部

0296 重
稟

2

YM6D3 反・3
～丘右尉

嗇部

0297

嗇

65

YM6D2正　官～夫三人

來部

0298

來

5

YM6J118　盜還～

YM6D9反　～而未至

YM6J56　宿家～

夊部

0299

憂

2

YM6J110　行者～事亦成

0300

夏

13

YM6J24　甲戌～至宿南春宅

YM6D5正·3　曲陽尉～筐

YM6D10反　貸師子～錢八萬

YM6D10反　子～若卿

YM6D8反　～子都二百

韋部

0301
韋

2

YM6D6正·3
乘與～

0302
韓

1

YM6D4·2
陳留郡成安～訢

弟部

0303
弟

3

YM6D13正
～子職

YM6D19反
～子遣

YM6D1正
孝～力田各百廿人

久部

0304
久

4

YM6D9反
直～不死

YM6D9反
直～什一生

第六　木部——𨛜部

木部

編號	字頭	篆文	數量	字例
0305	木	木	9	YM2D1正 ~黃監繻一領；YM6D6正·1 乘與素~弩檠五十
0306	李	李	11	YM6D8反 ~林卿二百；YM6D3正·1 ~忠；YM6D9正 ~氏
0307	桂	桂	1	YM6D4·2 ~陽
0308	杜	杜	2	YM6D7正 ~孝
0309	楊	楊	4	YM6D16反 南陽~平卿；YM6D3正·2 故~州刺史
0310	柜	柜	2	YM6D3正·3 琅邪郡~王蒙

0311 梧	0312 榮	0313 樹	0314 朱	0315 枚
梧	榮	樹	朱	枚
1	2	4	17	5
YM6J49 乙未宿～傳舍	YM6J24 ～陽	YM6J124 紈～櫂楝	YM6D3正·1 沛郡竹～	YM6D13正 筆二～
	YM6J60 宿～陽亭	YM6J116 圍～以棘	YM6D7正 ～子上二百	YM6D13正 刀二～
		YM6J115 高～綸棍	YM6D7正 ～謁公千	YM6D13反 道一～
			YM6D7反 ～中	YM6D13反 故絜七～
			YM6D7正 ～君房二百	
			YM6D7正 ～中	
			YM6D8反 ～謁功二百	
			YM6D7正 ～長紺二百	
			YM6D9正 可得姓～氏	

0316	0317	0318	0319	0320	0321	0322	0323
格	柔	材	極	棟	杇	杖	柎

7	2	5	1	1	2	2	2
 YM6D3反·2 以捕～不道者除  YM6J116 支～相連	 YM6D3正·3 琅邪郡～侯國宗良  YM6D4·2 琅邪～侯國	 YM6J118 吾自取～  YM6J117 ～見盜取	 YM6J128 不得～言	 YM6J124 紈樹櫂～	 杅 YM6D13正 繩～一  YM6J128 ～幾	 YM6D1反 受～	 YM6D6正·2 乘與靡～

0324	0325	0326	0327	0328	0329	0330 重
枹	檢	梁	采	横	休	亙
2	1	4	3	1	5	1
YM6D6 正・2 乘與木～	YM2D1 反 五子～一具	YM6D5 正・1 蘭陵右尉～樊于	采 YM2D1 反・3 五～絹一橐	YM6J129 涕泣從～	YM6J59 第四丙午旦～宿家	YM6J126 ～家
		YM6D7 正 ～君長二百	YM6D13 反・4 五～糸一具		YM6D4・2 周承～	
		YM6D4・2 ～國蒙孟遷			YM6J13 戊辰旦～宿家	
					YM6J26 從史～宿家	

0331
棺

1

YM6D12反
烝粟～中席一

0332
板

2

YM6D13正
～旁橐一具

YM6D13正
～研一

0333
欋

1

YM6J124
紈樹～棟

東部

0334
東

39

YM6D15正
進～東海大守功曹

YM6D14反
～海大守級

YM6D3正·1
山陽郡～緍

YM6D9正
～北

YM6J100
午三陽～門

YM6D3反·3
～安丞

YM6D9正
正～

林部

0335 林

5

YM6D8反　李～卿

YM6D7反　李～卿

YM6D13反　羽～蠶

0336 楚

2

YM6D13正　～相內史對

之部

0337 之

21

YM6D8正　～長安

YM6D9正　至今日～日止

YM6D9正　用神龜～法

YM6J124　自解不能卒上傅～

YM6D9反　難得人將賣～

YM6J118　追而呼～

YM6J109　不辟執臽～日

帀部

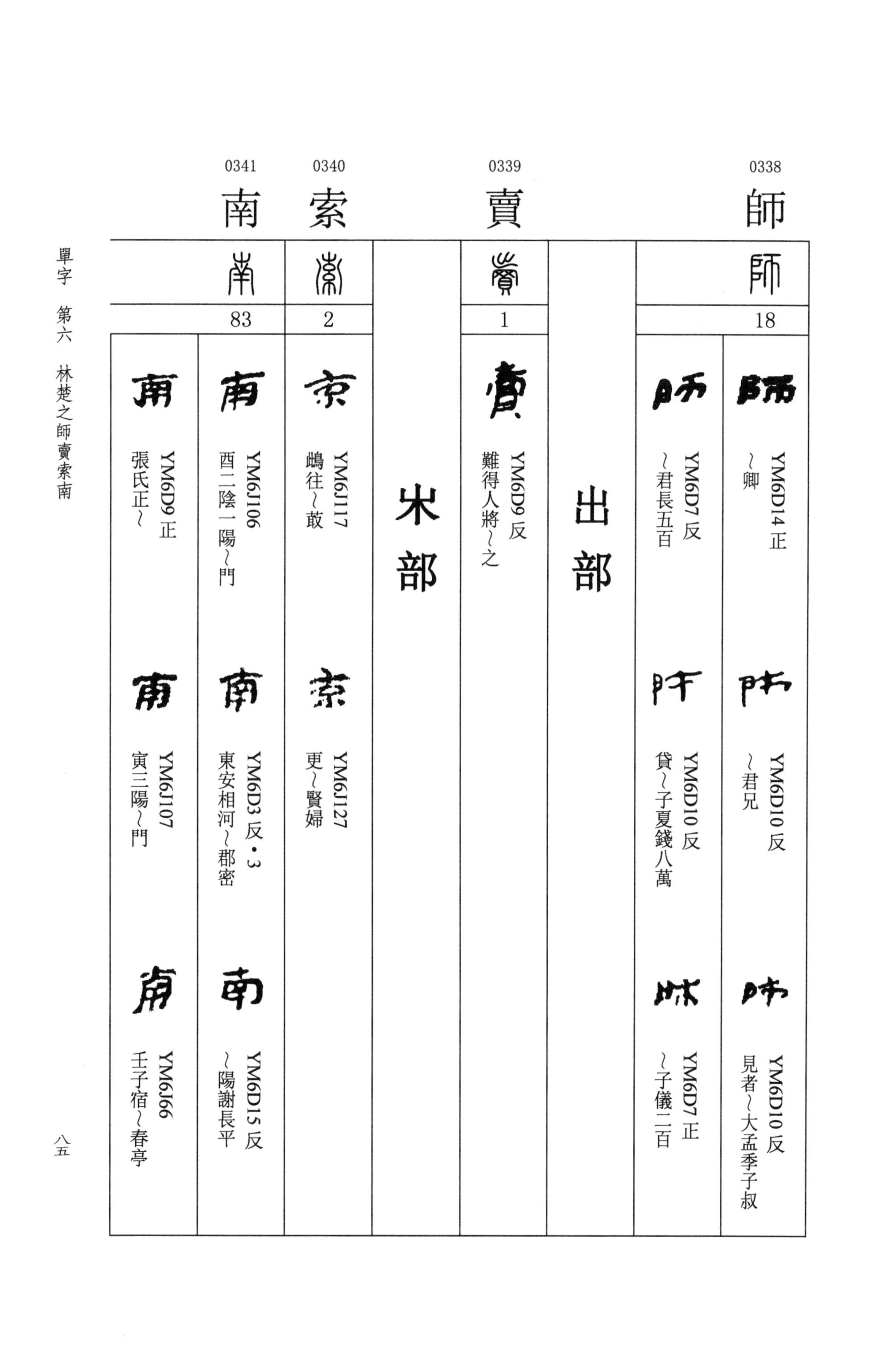

0338

師

師

18

YM6D14正
～卿

YM6D10反
～君兄

YM6D10反
見者～大孟季子叔

YM6D7反
～君長五百

YM6D10反
貸～子夏錢八萬

YM6D7正
～子儀二百

出部

0339

賣

賣

1

YM6D9反
難得人將～之

朩部

0340

索

索

2

YM6J117
嶋往～菽

YM6J127
更～賢婦

0341

南

南

83

YM6J106
西二陰一陽～門

YM6D3反・3
東安相河～郡密

YM6D15反
～陽謝長平

YM6D9正
張氏正～

YM6J107
寅三陽～門

YM6J66
壬子宿～春亭

YM6J13 丁卯宿～春宅

YM6J18 壬申宿～春宅

YM6J103 戊辰二陽一陰～門

YM6J29 庚辰宿～春宅薛卿

YM6J66 第一癸丑宿～春亭

YM6J73 第九辛酉宿～春亭

YM6J27 丁丑宿～春宅

YM6J50 丁酉宿～春宅

YM6J30 辛巳宿～春宅

YM6J115 欲勳～山

生部

0342

生

15

YM6J86 ～子凶

YM6D9反 詘婦不終～

YM6J89 ～子必吉

YM6J127 以死傷～

0343

產

2

YM6D9反 方家室終生～

YM6J125 方生～之時

0344
隆

3

YM6D3正·2
丁～故廷史

YM6J116
仁恩孔～

東部

0345
東

1

YM6J112
以行必轂留～縛

橐部

0346
橐

15

YM6D13反
粉～二

YM6D13反
勳～二

YM6D13反
髮～一

YM6D13正
板旁～一具

口部

0347
回

1

YM6J129
非～（徊）

0348	0349	0350	0351
國	因	固	圍

38	1	1	1
 YM6D3正・3 粟鄉侯～家聖	 YM6J116 摳去～	 YM6J124 縛之愈～	 YM6J116 ～樹以棘
 YM6D16反 迫秉職不得離～			
 YM6D4・2 魯～			

員部

0352
員

55
 YM6D5反・1 六人～
 YM6D2正 都尉吏～十二人
 YM6D2正・4 海西吏～百七人

貝部

0353
賢

4
 YM6D16反 琅邪大守～
 YM6D3正・3 房山逢～
 YM6J127 更索～婦

0354	0355	0356	0357	0358	0359	0360	0361
賀	貸	賞	賓	質	費	貪	貶

2	1	2	1	1	8	1	2
 YM6D5正·4 建鄉丞虞～	 YM6D10反 ～師子夏錢八萬	 YM6D4·1 敬丘淳于～	 YM6D14反 中～丞相史后中子	 YM6D6正·6 ～卌四	 YM6D13反·1 ～節一  YM6D2正 ～吏員八十六人	 YM6J120 不行～鄙	 YM6D3反·3 故～秩

0362 貴 2
- YM6J84 生子必~
- YM6J114 烏寂可~

邑部

0363 邑 20
- YM6D1正 十八~
- YM6D1正 縣~侯國卅八

0364 郡 95
- YM6D4·2 山陽~
- YM6D15反 沛~大守長憙
- YM6D3正·1 右尉沛~

0365 都 42
- YM6D3反·3 ~平相山陽郡
- YM6D5正·1 輸錢~內
- YM6J15 丁卯宿開陽~亭

0366 鄙 1
- YM6J120 不行貪~

0367 邸 1
- YM6J50 夕謁宿~

0368 郵 10
- YM6D1正 ~卅四人
- YM6J14 丙寅宿山~

0369
鄭

2

YM6D9正
～氏

0370
郾

1

YM6D3反・3
潁川郡～殷臨

0371
邛

1

YM6D3反・3
山陽郡～成唐湯

0372
郎

12

YM6D14反
謁者徐中孫中～王

YM6D3正・1
故侍～以功遷

YM6D3反・3
故～中以功遷

0373
邳

3

邧　YM6D2正
下～吏員百七人

YM6J37
宿下～中亭

0374
郯

2

YM6D3反・3
故～獄丞以功遷

0375
邪

12

YM6D16反
琅～大守賢

YM6D4・2
琅～柔侯國王

YM6D3正・3
琅～郡石山王奉

𨛜部

0376

鄉

110

YM6D2 正

~有秩一人

YM6D3 正・3

粟~侯國家聖

YM6D5 正・4

建~丞

YM6J17

壬申宿厚丘平~

YM6J53

宿武原中~

第七 日部——白部

日部

0377

日

日

91

YM6D10正 五月三～夏至

YM6D10正 三月十九～立夏

YM6D10正 十一月九～冬至

YM6J11 丁卯～中

YM6D10反 元延元年三月十六～

YM6D10正 六月廿五～後伏

YM6D10正 五月廿四～初伏

YM6D10正 丙戌九月廿二～立冬

YM6J25 日禺大風盡～止

YM6D9正 至今～之日

YM6J109 不辟執臽之～

YM6D11 建～午

0378

時

時

10

YM6J77 日中至餔～

YM6J84 以令～請謁

YM6J77 刑德行～

YM6J85 以罰～請謁

YM6J83 以端～請謁

0379
早

9

时 YM6J125
方生產之~

YM6J126
各不同~

YM6D12 正
~（皂）復襜褕一領

YM6D12 正
~（皂）單五領

YM6D12 正
~（皂）丸大絝一

YM6D12 正
~（皂）復衣一領

0380
晚

1

YM6J121
至今不~

0381
晦

2

YM6D10 正
十二月~

0382
昌

10

YM6D4・2
~慮侯家丞

YM6D3 正・3
潁川郡潁陰王~

YM6D3 反・3
山陽郡~邑曹平

0383 重
腊

1

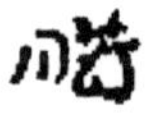
YM6J118
~毛羽

0384
昆

1

YM6J116
澤及~虫

0385

旦

旦

22

旦部

YM6J14

丁卯～發宿舍

YM6J16

第十壬申～謁宿舍

YM6J15

第九辛未～發宿舍

YM6J15

戊辰～謁宿舍

YM6J38

甲申～

YM6J13

戊辰～休宿家

YM6J29

薛卿～去

YM6J29

從決掾～發

YM6J55

戊戌～

YM6J46

朔～歸第宿家

YM6J50

戊戌～發夕謁宿邸

YM6J27

己卯～發夕謁宿舍

0386

𦩍

𦩍

1

倝部

朝　YM6D9正

～氏名歐

月部

0387 月

80

YM6D9正 以～鼂

YM6D10正 丙戌九～廿二日立冬

YM6D10正 四～大

YM6D10正 八～大

YM6D10正 七～小

YM6J43 二～小

YM6D10正 五～廿四日初伏

YM6D10正 十一～九日冬至

YM6D10反 元延元年三～十六日

YM6J114 惟歲三～

0388 朔

18

YM6J46 壬辰～宿彭城傳舍

YM6D10正 甲子～

YM6D10正 乙未～

0389 期

2

YM6D9反 後一日至過日更～

YM6J126 死生有～

有部

0390
有

60

YM6D9反 日～瘳

YM6D3正·1 ～秩以功次遷

YM6J83 以行～熹

YM6D9反 行者～憙

YM6D2正 官～秩一人

YM6J86 者～罪

YM6D9反 張婦强梁～子當家

YM6D1正 其廿四～

YM6D1 正～秩卅人

YM6J124 絶繫～餘

朙部

0391
朙

2

明 YM6D3反·3 建陽丞京兆尹奉～王豐

YM6D3正·2 楊～故長

夕部

0392
夕

8

YM6J27 ～謁宿舍

YM6J58 第三乙巳～至府宿舍

YM6J25 甲戌～署法曹

YM6J50
～謁宿邸

0393
夜

5

YM6D9 反
疾日～不留

YM6D9 反
日～不留

YM6D3 正・3
故不～長以廉遷

0394
外

3

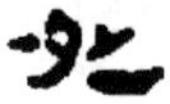

YM6D9 反
～內相引

YM6D7 反
～大母

多部

0395
多

6

YM6D9 正
李氏名～

YM6D1 反
～前七百一十八

YM6D1 正
～前二千六百廿九

卤部

0396
㮚

3

栗 YM6D12 反
烝～棺中席一

YM6D3 反・3
東安丞沛郡～丁勳

齊部

0397

齊

1

YM6D5正・1 輸錢～服官

束部

0398

棘

1

YM6J116 圍樹以～

禾部

0399

秩

171

YM6D4・1 故有～

YM6D2正 ～六百石

YM6D1正 有～卌人

0400 重

康

1

YM6D3正・3 慮邑宋～

0401

年

10

YM6D5正・1 延～

YM6J74 元延二～

YM6D10反 元延元～

0402

秋

4

YM6D10正 六月廿日立～

YM6J62 丙午～分

0403
稚

5

YM6D8反
張～禹

YM6D8反
夏～卿

YM6D7正
張～禹

米部

0404
粱

2

YM6D8正
～君都

0405
氣

1

YM6J114
春～始陽

0406
粉

1

YM6D13反
～橐二

臼部

0407
舀

2

YM6J109
不辟執～之日

YM6D11
～日乙

凶部

0408 凶

凶 5

- YM6J86 人小～
- YM6J86 生子～
- YM6J90 行道吉～

宀部

0409 家

家 80

- YM6D4·2 東安侯～【丞】濟南
- YM6D9反 方～室終生產
- YM6D9反 張婦强梁有子當～
- YM6D9反 高婦當～難輿
- YM6J13 戊辰旦休宿～
- YM6D7反 子～二百
- YM6D3正·3 栗鄉侯國～聖
- YM6J11 第六戊辰宿～
- YM6J51 丁酉宿～予房錢千
- YM6J26 丁丑宿～
- YM6J46 癸巳朔旦歸第宿～
- YM6J59 第四丙午旦休宿～
- YM6J27 戊寅宿～
- YM6J71 丁巳宿～
- YM6J60 乙巳宿～

0410 宅

宅 29

- YM6J70 丁巳宿南春～
- YM6J68 乙卯宿南春～
- YM6J67 宿南春～

YM6J13
丁卯宿南春～

YM6J24
甲戌夏至宿南春～

YM6J26
丙子宿南春～

YM6J46
辛卯朔宿南春～

YM6J18
壬申宿南春～

YM6J17
辛未宿南春～

0411
室

3

YM6D9反
方家～終生産

YM6D9反
道婦見善～人

0412
宣

4

YM6D3反・3
都平相山陽郡橐～元

YM6D4・1
汝南郡汝陰唐～

0413
向

1

YM6J128
懼惶～論

0414
安

12

YM6D3反・3
東～丞沛郡栗丁動

YM6J115
去色就～

YM6D23正
進長～令

YM6D8正
之長～

0415
守

29

YM6D15反
沛郡大～長憙

YM6D3正・3
故大～卒史以功遷

YM6D2正
大～丞一人

YM6D1正　大～一人

0416
宜

1

YM6D9反　今日～至

0417
宿

169

YM6J46　～家

YM6J48　甲午～菑丘傳舍

YM6J66　第一癸丑～南春亭

YM6J48　第三乙未～羽

YM6J31　庚辰～建陽傳舍

YM6J15　丁卯～開陽都亭

YM6J13　丁卯～南春宅

YM6J59　乙巳～彭城傳舍

YM6J29　旦發～蘭陵傳舍

YM6J29　庚辰～南春宅

YM6J11　丙寅～南春宅

YM6J47　壬辰～房離亭

YM6J71　丁巳～家

YM6J66　壬子～南春亭

YM6J59　第四丙午旦休～家

YM6J25　第五丁丑～舍

YM6J63　庚戌～彭城防門亭

YM6J27　己卯旦發夕謁～舍

YM6J11 第六戊辰～家

YM6J50 戊戌旦發夕謁～邸

YM6J30 辛巳～南春宅

0418 寡 1

YM6D6 反・5 ～代户者得以同居

0419 宋 1

YM6D3 正・3 取慮邑～康

0420 宗 2

YM6D3 正・3 柔侯國～良

宮部

0421 宮 7

YM6J119 唯就～持

YM6J117 作～持

0422 營 2

YM6D4・2 濟南～平侯國

呂部

0423

呂

2

YM6J56 癸卯春分宿~傳舍

YM6D4·1 沛郡譙~遷

0424

躳

1

YM6J128 支~折傷

疒部

0425

疾

11

YM6D9反 廉婦有~不終生

YM6J86 ~者死

YM6D21反 问~

YM6D19反 迫~

疾 YM6J83 ~者不死

YM6J84 ~者不死

0426

病

7

YM6D9反 ~匿幼中

病 YM6J61 旦雨~

YM6D9反 問~者

YM6J73 己未~

冖部

0427
冣

1

YM6D2反
～凡吏員二千二百二

𠔼部

0428
同

2

YM6J126
各不～時

冃部

0429
最

1

YM6J114
鳥～可貴

㒳部

0430
㒳

17

YM6D12反・2
絲三～

YM6D12反
糸履一～

YM6J117
見我不～

网部

0431 重

罔

1

YM6J130
衆烏麗於羅～

0432

罷

6

YM6J83
者毋～

YM6D9 反
毋～

YM6J87
者有～

0433

羅

1

YM6J130
衆烏麗於～罔

0434

署

2

YM6J64
丁未～功曹

巾部

0435

巾

11

YM2D1 反
～一

YM6D13
～二

YM2D1 正
練巨～二

YM6D13 反
手～一

YM6D13 反
小～一

帛部

0436	帶		3	 YM6D13反 詘～一  YM6D13反 刀～具
0437	幘		2	 YM6D13反 ～三枚
0438	常		6	 YM6D3正・3 膠【東】國昌武范～  YM6D12反 繡丸下～一  YM6D12反 繡下～一
0439	帬		10	 YM2D1正 繡丸合～一  YM2D1正 帛繡單～二  YM2D1正 帛霜～一  帬 YM2D1正 右～十
0440	席		1	 YM6D12反 烝栗棺中～一
0441	布		2	 YM6D12反 白～單衣

0442 帛

帛（篆） 7

YM2D1正 ～繝合直領一領

YM2D1正 ～繝單帬二

YM2D1正 ～繝帬二

白部

0443 白

白（篆） 8

YM2D1反 ～幕

YM2D1反 ～綸

YM6D12正 ～毋尊單衣

YM6D12反 ～布單衣

YM2D1正 ～縷單被

第八　人部——次部

人部

0444

人

𠆢

789

YM6D1正
二千五百卌二~

YM6J119
行盜~

YM6D1正
卌四~

YM6D1正
卒二千九百七十二~

YM6D1正
鄉三老百七十~

YM6D1正
凡廿七~

YM6D1正
嗇夫一~

YM6J87
見~大凶

YM6D3正·1
左騎千~

YM6D9反
何物~見亡

YM6D11
見五十二~

YM6D9反
道婦見善室~

YM6J84
見~大吉

YM6J84
亡~不得

YM6J86
~小凶

YM6J83
見~小吉

YM6J88
見~喜成

YM6D2正
小府嗇夫一~

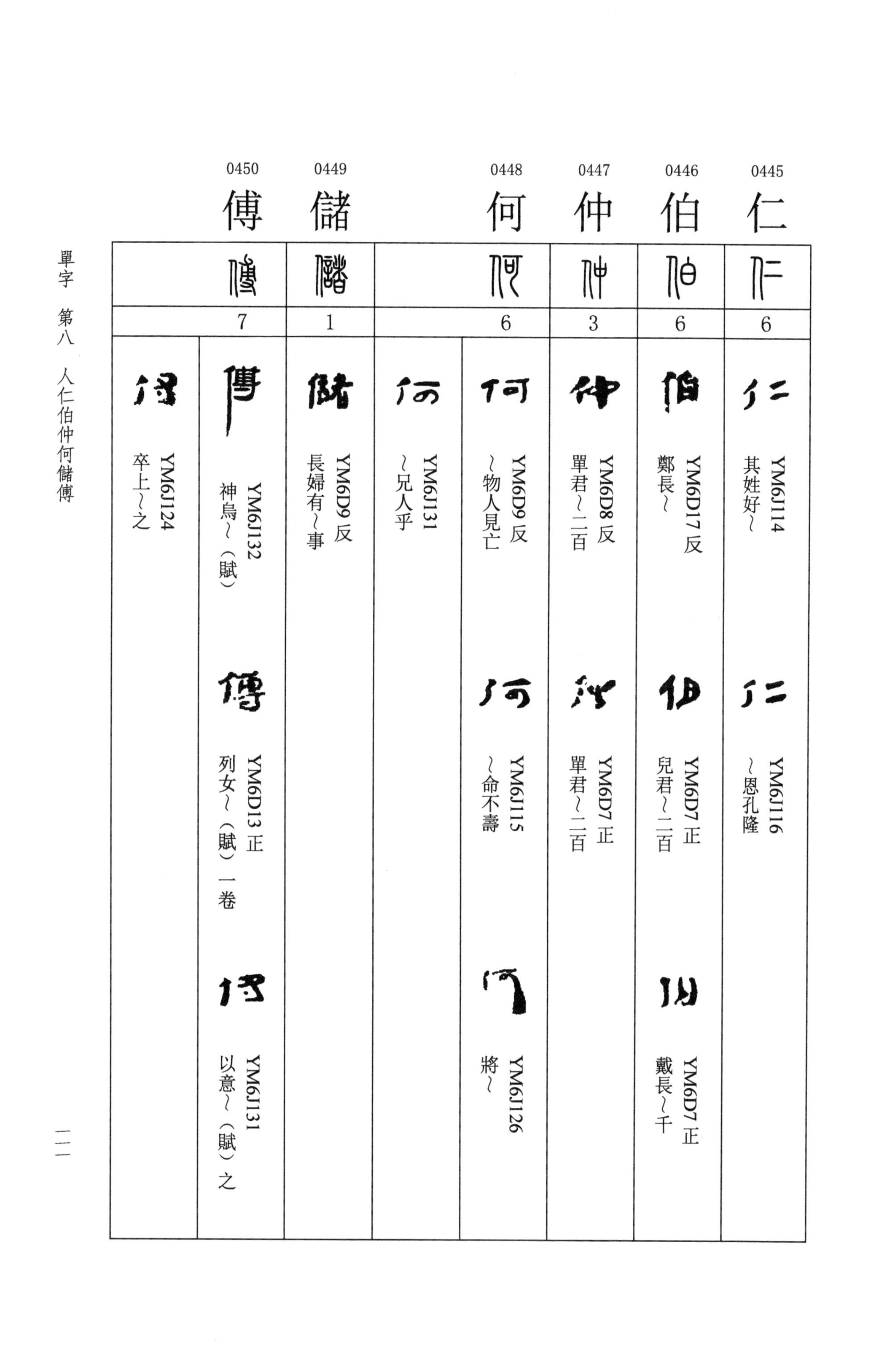

編號	字	數	出處	辭例
0445	仁	6	YM6J114	其姓好~
			YM6J116	~恩孔隆
0446	伯	6	YM6D17反	鄭長~
			YM6D7正	兒君~二百
			YM6D7正	戴長~千
0447	仲	3	YM6D8反	單君~二百
			YM6D7正	單君~二百
0448	何	6	YM6D9反	~物人見亡
			YM6J115	~命不壽
			YM6J126	將~
			YM6J131	~兄人乎
0449	儲	1	YM6D9反	長婦有~事
0450	傳	7	YM6J132	神烏~（賦）
			YM6D13正	列女~（賦）一卷
			YM6J131	以意~（賦）之
			YM6J124	卒上~之

0451	侍		3	 YM6D14 反 奉謁爲～  YM6D3 正・1 故～郎以功遷
0452	什		1	 YM6D9 反 直久～一生
0453	作		4	 YM6D5 反・2 ～二人  YM6J117 ～宮持
0454	假		1	 YM6D3 正・2 故～亭長以捕格不道者
0455	代		2	 YM6D6 反・5 毋次以不同居長者～
0456	便		1	 YM6D5 正・1 海西丞周～親
0457	使		5	 YM6D21 反 謹～吏奉謁再拜  YM6D20 反 謹～吏  YM6D1 正 一人佐～
0458	傳		38	 YM6J31 庚辰宿建陽～舍  YM6J56 宿呂～舍  YM6J56 壬寅宿彭城～舍

YM6J65 辛亥宿彭城～舍

YM6J130 ～曰

0459 傿

1

YM6D4・2 陳留郡～陳咸

0460 仆

1

YM6J130 良馬～於衡下

0461 傷

4

YM6D9反 久毋～解

YM6J123 遂相拂～

YM6J127 以死～生

0462 伏

5

YM6D10正 五月廿四日初～

YM6J17 庚午後～

YM6J65 庚戌中～宿家

0463 但

1

YM6J118—119 子不作身～行盜人

0464 他

1

YM6J124 不□～

0465 佐

89

YM6J126 ～子

YM6D2反 官～七人

YM6D1正 ～使亭長

0466
免

6

YM6J124
幸得～去

YM6J129
盜反得～

匕部

0467
真

2

YM6D7正·1
徐子～二百

从部

0468
從

9

YM6J48
～卿之羽宿博望置

YM6D3正·2
楊州刺史～事

YM6D3正·2
青州刺史～事

比部

0469
比

21

YM6D13反
疏～一具

YM6D2反
秩～三百石

YM6J125
申頸～天而鳴

北部

0470

北

22

YM6D9正 西～

YM6J101 丁卯二陽一陰～門

YM6D3正・3 頓丘～鄉

YM6J100 申二陽一陰～門

丘部

0471

丘

33

YM6D4・2 容～侯

YM6D19反 卒史憲～驕孺

YM6D20反 容～侯

YM6J48 甲午宿菑～傳舍

㐺部

0472

眾

2

YM6J114 ～鳥皆昌

YM6J130 ～鳥麗於羅罔

臥部

0473 監

33

YM6D2正 牢～一人

YM6D2正 四人牢～

YM6D2正 二人牢～一人

0474 臨

19

YM6D3正・3 厚丘長～淮郡

YM6D4・1 相山陽郡單父張～

身部

0475 身

1

YM6J118 子不作～

衣部

0476 衣

35

YM6D12正 君兄～物疏

YM6D12正 早丸禬褕一領～

YM2D1正 單～一領

YM6D13反 節～一具

YM6D12正 早丸大綺一衣～

YM6D13反 鏡及～各一

（續）

YM6D12反 君直繡綺～一領

YM6D13正 管及～各一

YM6D13正 箅及～二

YM6D12反 練小綺二～

YM2D1反 繡手～二囗

YM2D1正 右～單復凡九領

0477 褕

2

YM6D12正 早復襜～一領

YM6D12正 早丸襜～一領

0478 襜

2

YM6D12正 早復～褕一領

YM6D12正 早丸～褕一領

0479 襦

10

YM6D12正 閒青薄～一領

YM6D12正 鮮支單～二領

YM6D12反 單～一領送君兄

0480 被

10

YM6D12正 縹～一領

YM6D12正 單～二領

YM6J129 亡鳥～患

YM6J123 亡鳥～創

YM6J115 一鳥～央

YM2D1正 白縷單～一

0481 衾

1

YM6D12反 繡綺～一

0482 補

2

YM6D4・1 以軍吏十歲～

YM6D4・2 以國人罷～

0483 卒

22

YM6D14正 進～史

YM6D3正・3 故大守～史以功遷

YM6J124 ～上傅之

YM6D2正 ～史九人

YM6D1正 ～史二人

YM6D1正 ～史九人

YM6D1正 ～二千九百七十二人

裘部

0484 重 求

1

YM6J117 鳩行～

老部

0485 老

2

YM6D1正 鄉三～百七十人

YM6D1正 縣三～卌八人

0486
壽

1

YM6J115 何命不～

0487
孝

12

YM6D7 正 子～三百

YM6D8 反 嚴子～二百

YM6D7 正 戴～卿二百

毛部

0488
毛

4

YM6D3 反・3 陰平尉山陽郡薄～雲

YM6J118 ～羽隨落

尸部

0489
居

6

YM6D15 反 問君兄起～

YM6D19 反 問君兄起～

YM6D9 反 ～□還

YM6D1 反 ～園田

尺部

0490 尺

1

YM2D1反
骨~及刀各一

尾部

0491 尾

1

YM6D9正
直~者

舟部

0492 俞

1

YM6D7正
~喬卿三百

0493 服

2

YM6D5正・1
輸錢齊~官

方部

0494

方

14

YM6D9反 ～家室終生産

YM6D9反 南～

YM6D9反 ～

YM6D13正 繒～緹

YM6D13正 ～緹

YM6D13反 ～絮

儿部

0495

兒

4

YM6D23正 ～君

YM6D7正 ～君伯二百

兄部

0496

兄

21

YM6D14反 君～

YM6D12正 君～衣物疏

YM6D12反 送君～

YM6D13正 君～繒方緹中物疏

YM6D10反 師君～

YM6D8反 京君～百

YM6J131 何～（況）人乎

先部

0497
先

19

YM6D2反
～馬

YM6D1正
～馬中庶子

YM6D2反
～馬中庶子十四人

見部

0498
見

15

YM6D9反
留～止必得

YM6J83
～人小吉

YM6J87
～人大凶

YM6D9反
何物人～亡

YM6J127
～危授命

YM6J117
材～盜取

0499
親

3

YM6D18正
奏主吏師卿～

YM6D5正・1
海西丞周便～

YM6J114
反餔於～

欠部

0500
欲

2

YM6D9反
～還未敢也

YM6J115
～勶南山

0501

歐

1

YM6D9正

朝氏名～

0502

次

12

YM6D3正·1

以功～遷

YM6D3正·3

以功～遷

YM6D8反

番～禹

次部

0503

盜

14

YM6D3正·1

以捕羣～尤異除

YM6J121

～鳥嘖然怒曰

YM6J118

～還來

第九　頁部——彖部

頁部

0504
頭

3

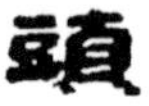
YM6D9正
直～者毋來也

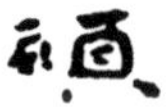
YM6D22反
饒叩～叩頭

0505
顯

2

⿰食頁 YM6D21反
良成侯～

0506
領

60

YM2D1正
繻一～

YM2D1正
右繻凡六～

YM2D1正
霜綺直～一～

YM6D12正
縹丸複襦一～

YM6D12正
縹被一～

YM6D12正
早復襜褕一～

YM6D12正
白毋尊單衣一～

YM6D12反
凡卌九～

YM6D12反
君直纚綺衣一～

0507
顧

1

YM6J125
～謂其嶋曰

0508
頓

3

YM6D3正・3
～丘北鄉

YM6D13反・2
～牟矗

0509
頗

3

YM6J114
～得

YM6J118
於～（彼）深萊

YM6J125
視～（彼）不仁

0510
縣

3

YM6D1正
～十八

YM2J68
宿良～傳舍

𥄉部

0511
須

1

YM6D13反
～牙一

須部

0512
文

13

YM6D4・2
故山陽大守～學卒史

YM6D7正・5
王公～三百

YM6D4・2
大守～學卒史

文部

髟部

0513

髮

1

YM6D13反
～槖一

后部

0514

后

3

YM6D14反
中賓丞相史～中子

YM6D8反
～子然

司部

0515

司

7

YM6D3正・1
山陽郡東緡～馬敞

YM6D3正・3
故大～農屬以功遷

M6D13反
君兄節～小物疏

卮部

0516

卮

1

YM6D6反・4
膝木～

卩部

0517

令

70

YM6D23正　進長安～

YM6D2正　～史三人

YM6J78　～罰

YM6J82　～罰

YM6J79　～罰刑

YM6J84　以～時請謁

YM6D1正　～七人

0518

卷

3

YM6D13正　列女傳一卷

YM6D13正　記一～

YM6D13正　六甲陰陽書一～

色部

0519

色

2

YM6J115　去～〈危〉就安

卯部

0520 卿

60

YM6D18正
奏主吏師～親

YM6D10反
子夏若～

YM6D8反
王季～二百

YM6D7反
王季～

YM6J29
薛～旦去

YM6J48
從～之羽宿博望

YM6J67
宿陳文～家

辟部

0521 辟

1

YM6J109
不～執臽之日

茍部

0522 敬

2

YM6D3反·3
山鄉丞魯國魯橋～

由部

0523
畏
1

YM6J115
~懼猴猨

0524
禺
2

YM6D5 反・2
上爭界圖一人~順

山部

0525
山
36

YM6D3 正・1
~陽亡徒

YM6D3 反・3
~陽郡薄毛雲

YM6J115
欲動南~

YM6D4・2
~陽郡都關范利國

0526
崇
1

YM6D3 正・3
張~

广部

0527 府

9

YM6J41 莫至～輒謁宿舍

YM6D2正 小～嗇夫一人

YM6J116 ～君之德

YM6J50 癸巳宿～

0528 廣

4

YM6D5反・2 一人强～良

YM6J58 庚子宿高～都亭

0529 廉

19

YM6D9反 ～婦有疾不終生

YM6D3正・1 以～遷

YM6D8反 王～卿百

0530 庶

19

YM6D2反 先馬中～子十四人

YM6D1正 先馬中～子

YM6D2反 中～子

丸部

0531 丸

18

YM6D12正 早～復衣一領

YM6D12正 早～襜褕一領

丸 YM2D1正
繝~合帬一

丸 YM2D1正
霜~合衣一領

YM2D1正
緑~綺一

危部

0532 危

1

YM6J127
見~授命

石部

0533 石

140

YM6D2正
秩四百~

YM6D2反
丞一人秩二百~

YM6D1反
二千五百八十一~

0534 碭

1

YM6D3正・2
國~陳褒

0535 研

1

YM6D13正
板~一

長部

0536

長

131

YM6D15反
沛郡大守～憙

YM6D9正
姓朱氏名～

YM6D3反・3
故亭～以捕格不道者

YM6D9反
～婦有儲事

YM6J129
橫～

YM6D8反
蔡君～二百

YM6D7正
程～孟三百

YM6D7正
陳君～二百

YM6D1正
佐使亭～

YM6D7正
涂～史二百

YM6D7正
張君～三百

YM6D7反
君～二百

而部

0537

而

11

YM6D9反
來～未至

YM6J125
比天～鳴

YM6J130
高翔～去

YM6J130
鳳皇孤～高羊

0538

易

4

易部

YM6D9反 輕~解

YM6D9正 ~得

YM6D8反 ~子勢

0539

象

1

象部

YM6D4·2 故~林候長以功遷

第十　馬部——心部

馬部

0540 馬

28

YM6D16反
請君兄~足下

YM6D3正·1
山陽郡東緡司~敞

YM6D2反
先~中庶子十四人

YM6J130
良~仆於衡下

YM6D1正
先~中庶子

0541 騎

2

YM6D3反·3
故郎中~以請詔除

0542 驚

1

YM6J124
其雄惕而~

廌部

0543重 法

2

YM6D9正
用神龜之~

YM6J25
甲戌夕署~曹

鹿部

0544 麗

2

YM6J115 狗～此

YM6J130 衆烏～於羅罔

犬部

0545 狗

1

YM6J115 ～（拘）麗此砻

0546 獲

2

YM6D1 正 萬一千六百六十二～流

0547 類

1

YM6J114 蜚之～

0548 猴

1

YM6J115 畏懼～猨

0549 狸

1

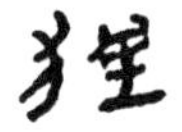

YM6J116 爲～貍得

0550 猨

1

YM6J115 畏懼猴～（猿）

0551 貍

1

YM6J116 爲狸～（狌）得

能部

0552 能

2

YM6J123 聞不～起

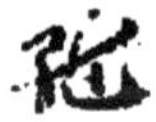

YM6J124 自解不～

火部

0553 火

1

YM6J52 甲午夜漏上六刻失～

0554 然

8

YM6J117 忽～如故

YM6D8 反 后子～

YM6J121 嘳～怒曰

YM6D8 反 戴子～

0555 烝

1

YM6D12 反
～栗棺中席一

0556 炊

1

YM6J129
長～（吹）泰息

0557 尉

130

YM6D2 正
～二人

YM6D3 反・3
故龍伉～以功遷

YM6D2 正
～二人

YM6D2 正
都～丞

黑部

0558 黑

1

YM6D6 反・4
～旄蜚鳥銅鐶

0559 黨

1

YM6D4・2
上～大守文學卒史

大部

0560
大
大（小篆）
84

YM6D15 反
沛郡～守長憙

YM6D3 正・3
侯門～夫

YM6D12 正
早丸～綺一衣衣

YM6D10 反
見者師～孟季子叔

YM6D10 正
四月～

YM6J1
正月～

YM6J25
～風盡日止

YM6J83
生子～吉

YM6J84
見人～吉

YM6D2 反
門～夫三人

亦部

0561
亦
亦（小篆）
1

YM6J110
行者憂事～成

夨部

0562 喬

3

YM6D7正·3
俞~卿三百

YM6D7正·6
華~卿二百

0563 𡴘

2

YM6J47
己丑君不~

交部

0564 交

2

YM6D13反
~刀一具

YM6J130
~（蛟）龍執而深臧

幸部

0565 執

3

YM6J109
不辟~臽之日

YM6J114
~（蟄）虫坊皇

YM6J130
交龍~（蟄）而深臧

夲部

0566 奏

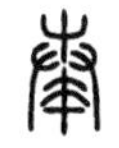

6

YM6D16正
~東海大守功曹

YM6D18正
~主吏師卿親

YM6J29
辛巳宿家~記

夫部

0567
夫

93

YM6J125
命也～

YM6J120
～惑知反

YM6D2正
嗇～二人

YM6D3正・3
故侯門大～以功次遷

YM6D1正
僕行人門大～

立部

0568
立

6

YM6J48
辛卯～冬

YM6D10正
～冬

YM6D10正
～夏

0569
端

5

YM6J78
甲乙～

YM6J82
德～

0570
竭

1

YM6J48
癸巳宿～慮亭

竝部

0571 竝

1

YM6D5正·2 厚丘右尉周～

思部

0572 慮

9

YM6D3正·3 取～邑宋康

YM6D4·2 昌～侯家丞

YM6J48 癸巳宿竭～亭

心部

0573 息

1

YM6J129 泰～

0574 志

1

YM6J127 妾～所持

0575 意

3

YM6J119 今子相～

YM6J121 君子不～不

YM6J131 以～傅之

0576 忠

5

YM6D3正·1 陽泉李～

YM6D3正·3 潁川郡許胡～

字號	字頭	篆文	數量	字例
0577	恭		2	 YM6D3 反・3 山鄉相魯國魯且～
0578	恩		3	 YM6D13 正 ～澤詔書  YM6J116 仁～孔隆
0579	惟		1	 YM6J114 ～歲三月
0580	懼		2	 YM6J128 ～惶向論  YM6J115 畏～猴猨
0581	急		2	 YM6D9 反 治～  YM6D9 反 治～
0582	恁		2	 YM6D3 正・3 高廣侯國王～
0583	怠		1	 YM6J119 豈不～哉
0584	忽		1	 YM6J117 ～然如故

0585	惑		1		YM6J120 夫～知反
0586	忿		1		YM6J118 發～追而呼之
0587	怒		3		YM6J122 沸然而大～
					YM6J119 反～作色
0588	悔		1		YM6J121 ～過遷臧
0589	愁		1	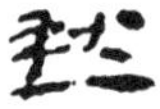	YM6J127 ～苦孤子
0590	患		1		YM6J129 亡鳥被～
0591	恐		1		YM6D9 反～不起
0592	惕		1		YM6J124 其雄～而驚

0593 惶	0594 悤	0595 愈	0596 懮

1	1	1	1

YM6J128 懼~向論	YM6J129 憂~（濾）嘑呼	YM6J124 縛之~固	YM6J131 鳥獸且相~（憂）

第十一 水部——飛部

水部

0597	水		2	 YM6D3正・3 令史～衡都尉書佐	
0598	河		6	 YM6D3反・3 東安相～南郡密	 YM6D3反・3 ～南郡故市張霸  YM6D7正 陳子～三百
0599	涂		5	 YM6D8反 ～長史百	 YM6D7正 ～長史二百
0600	汝		12	 YM6D3正・2 ～南郡	 YM6D3正・3 ～南郡汝陰兒勳
0601	泠		1	 YM6D5反・2 生寶～欽周方傅更	
0602	溧		1	 YM6D3正・2 郡～陽夏侯武	

0603
深

3

YM6D9 反
見～難決
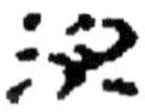
YM6J118
於頗～萊

YM6J130
交龍執而～臧

0604
淮

11

YM6D3 正・1
臨～郡徐劉曾

0605
沂

8

YM6J39
甲申宿臨～傳舍

YM6J60
壬寅宿臨～傳舍喪告

0606
洋

1
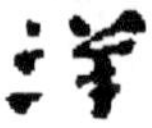
YM6J116
～泏不測

0607
治

10

YM6D5 反・1
請～所

YM6D9 反
～急
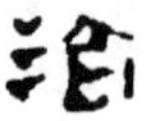
YM6D9 反
～急

0608
沛

20

YM6D15 反
～郡大守長憙

YM6D3 正・1
左尉～郡相

YM6D3 反・3
陰平丞～郡

0609
海

11

YM6D16 正
奏東～大守功曹

YM6D14 反
東～大守級

YM6D15 正
東～大守功曹

0610
衍

1

YM6D11
解～丑

0611	0612	0613	0614	0615	0616	0617
況	浮	測	涌	淑	清	澤
8	1	1	1	1	2	2

0611 況 8

YM6J57 壬寅宿～其

YM6D2 正 ～其吏員五十五人

YM6D5 正・4 ～其邑丞孔寬

YM6D7 正 陽～游功二百

0612 浮 1

YM6J125 吉凶～泭

0613 測 1

YM6J116 洋洫不～

0614 涌 1

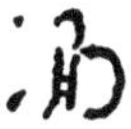
YM6J119 泊～

0615 淑 1

YM6J114 行義～茂

0616 清 2

YM6D4・2 ～河郡清陽陳九

0617 澤 2

YM6D13 正 恩～詔書

YM6J116 ～及昆虫

編號	字頭	小篆	字數	字形及出處
0618	沙		1	 YM6D3 正・1 故長~内史丞
0619	沸		1	 YM6J122 亡鳥~（怫）然而大怒
0620	洫		1	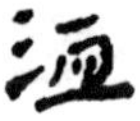 YM6J116 洋~（溢）不測
0621	渠		1	 YM2D1 反 ~如一具
0622	决		3	 決 YM6D9 反 事~  YM6D9 反 見深難~  YM6J9 己卯從~掾
0623	泭		1	 YM6J125 吉凶浮~
0624	汙		1	 YM6J128 投于~則
0625	湯		2	 YM6D3 反・3 邛成唐~

0626
淳

9

YM6D4·1 沛郡敬丘～于賞

YM6D7反 ～于君房二百

YM6D7正 ～于子上百

0627
泰

5

YM6D7正 張～君五百

YM6J120 ～不

YM6J129 ～（太）息

0628
泣

2

YM6J126 涕～

YM6J129 涕～從横

0629
涕

2

YM6J129 ～泣從横

YM6J126 ～泣

0630
漏

1

YM6J52 甲午夜～上六刻失火

沝部

0631重
流

2
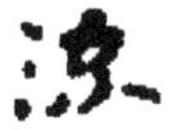
YM6D1正 獲～

川部

0632 川

9

YM6D3反・3
潁～郡鄖殷臨

YM6D4・2
潁～郡周承休王陽

0633 州

7

YM6D3正・1
豫～刺史從事史

YM6D7反
～君游二百

灥部

0634 原 重

4

YM6J29
宿武～中門亭

YM6J40
宿武～傳舍

永部

0635 永

3

YM6D3反・2
張～國故亭長

YM6D7反
～始二年

𠂢部

0636

冬

5

YM6D10正 九月廿二日立～

YM6J29 丁丑～至

YM6J48 辛卯立～

雨部

0637

雨

7

YM6D9正 占～

YM6J61 旦～

YM6J15 甚～

YM6J62 ～盡夜止

0638

霜

10

YM2D1正 ～綺直領一領

YM2D1正 帛～帬一

YM2D1正 ～散合帬一

YM6D12反 ～丸復衣一領

雲部

0639

雲

2

YM6D3反・3 陰平尉山陽郡薄毛～

字號	字頭	說文	字數	字形及出處
0640 重	云		1	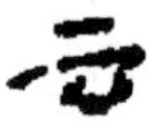 YM6J127 詩～〃

魚部

字號	字頭	說文	字數	字形及出處
0641	魚		2	 YM6J130 ～鱉得於芘笱
0642	鮮		6	 YM6D12 正 青～支中單一領  YM6D12 正 ～支單襦二領  YM2D1 正 帛繝～支單襦一領
0643	鱉		1	 YM6J130 魚～得於芘笱

龍部

字號	字頭	說文	字數	字形及出處
0644	龍		2	 YM6D3 反・3 故～伉尉以功遷  YM6J130 交～執而深臧

飛部

0645 重

翼

3

YM6J122
～申頸

YM6J128
遂縛兩～

YM6J124
扶～

第十二　乚部——系部

乚部

0646

孔

𠃊

2

YM6J116
仁恩～隆

不部

0647

不

𣎵

50

YM6D9反
恐～起

YM6J83
疾者～死

YM6J84
亡人～得

YM6J89
亡盜～得

YM6D9反
直久～死

YM6J84
疾者～死

YM6J121
子之～仁

YM6J47
己丑君～幸

YM6J115
何命～壽

YM6J124
傅之～

YM6D16反
迫秉職～得離國

YM6D9反
日夜～留

YM6J123 聞～能起

YM6D3 反・3 以捕格～道者除

YM6J123 女～亟走

YM6J120 ～行貪鄙

YM6J118 子～作身

YM6J128 ～得極言

至部

0648

至

20

YM6J24 甲戌夏～宿南春宅

YM6D10 正 五月三日夏～

YM6D9 反 後一日～過日更期

YM6J77 蚤食～日中

YM6J29 丁丑冬～

YM6J58 第三乙巳夕～府宿舍

YM6J41 莫～府輒謁宿舍

YM6J61 第六戊申宿鹿～亭

YM6J11 日中～府宿舍

0649

到

4

YM6D9 正 王氏名～

YM6J28 己卯宿南春宅董卿～

西部

0650

西

25

YM6J103
子三陽～門

YM6D9正
正～

YM6D3正・1
～左尉廣陵郡

YM6D8反
～郭君高二百

YM6D1正
界東～五百五十一里

戶部

0651

戶

6

YM6D1反
成～七千卌九

YM6D6正・3
～車□□

YM6D1正
～廿六萬六千二百

0652

房

18

YM6D7正
朱君～二百

YM6J47
壬辰宿～離亭

YM6D7正
君～二百

YM6D7正
丁君～二百

YM6J66
～錢二百八十

YM6D7反
淳于君～二百

YM6J51
丁酉宿家予～錢千

YM6J11
予～錢千

YM6J68
癸丑予～錢二百

門部

0653 門

96

YM6J99 巳二陰一陽西～

YM6J103 子三陽西～

YM6J108 癸酉三陽南～

YM6J102 未三陽西～

YM6J29 宿武原中～亭

YM6J63 宿彭城防～亭

YM6J38 宿利縣南～亭

0654 開

5

YM6D5正・2 ～陽長顏駿

YM6J15 丁卯宿～陽都亭

0655 閒

4

YM6D12正 ～中單一領

YM6D12正 ～青復襦一領

YM6D12正 ～青薄襦一領

YM6D9反 ～

耳部

0656 聖

6

YM6D3反·3 單父曾～

YM6J127 ～人禁之

0657 聽

1

YM6J127 毋～後母

0658 職

2

YM6D16反 迫秉～不得離國

0659 聞

3

YM6J120 吾～君子

YM6J123 ～不能起

YM6J121 吾～君子

手部

0660 手

4

YM6D13反 ～衣一具

YM2D1反 繡～衣二□

0661 摳

1

YM6J116 莫敢～去

字號	字頭	數量	出處	辭例
0662 重	拜	10	YM6D15 反	奉謁再～
			YM6D17 反	遣吏奉謁再～
			YM6D16 反	奉謁再～
0663	扶	2	YM6J124	～翼
0664	持	5	YM6J117	作宮～
			YM6J119	唯就宮～
			YM6J127	妾志所～
0665	提	2	YM6D1 正	～封
0666	掾	5	YM6D5 反・2	外郵～一人
			YM6J29	己卯從決～旦發
0667	掊	1	YM6D13 正	～一
0668	授	1	YM6J127	見危～命
0669	承	7	YM6D4・2	穎川郡周～休
			YM6D4・2	新陽侯家丞～匡己故

0670 投

1

YM6J128 ~于汙則

0671 披

1

YM6D6 正・2 乘與車~具

0672 失

2

YM6J52 甲午夜漏上六刻~火

YM6J121 ~路不遠

0673 拂

1

YM6J123 遂相~傷

0674 擊

1

YM6J123 隨起~

0675 捕

12

YM6D3 正・1 以~格山陽亡徒將率

YM6D3 反・3 以~格不道者除

YM6J123 ~取

0676 摩

2

YM6D6 正・2 乘與~七百一十八

女部

字號	字頭	數量	出處	辭例
0677	女	6	YM6D13正	列～傳一卷
			YM6D9反	占取婦嫁～
			YM6J123	～（汝）不亟走
0678	姓	3	YM6D9正	～朱氏
			YM6J114	其～（性）好仁
0679	嫁	1	YM6D9反	占取婦～女
0680	婦	10	YM6D9反	曲～惠謹少言語
			YM6D9反	長～有儲事
			YM6D9反	楬～妬不終生
			YM6D9反	高～當家難輿
			YM6J127	更索賢～
0681	母	3	YM6J127	毋聽後～
			YM6D8正·7	季～
0682	威	4	YM6D23反	～卿足下
			YM6D8反	莒～卿二百
0683	奴	1	YM6D10反	卿□～

0684 始

3

YM6D3正・2 田章～故東郡大守

YM6J114 春氣～陽

0685 好

1

YM6J114 其姓～仁

0686 如

6

YM6J117 忽然～故

YM2D1反 渠～一具

YM6D1正 四百八～前

YM6D1正 四百八十八里～前

0687 姡

1

YM6D9反 楬婦～不終生

毋部

0688 毋

24

YM6D9反 ～罪

YM6J88 ～罪

YM6J104 己巳三陰～門

YM6J83 ～罪

YM6D12正 白～尊單衣一領

YM6J127 ～聽後母

YM6J122
～命得辱

YM6J129
～所告媿

YM6J128
～信傀言

YM6D6反・5
～次以不同居長者代

YM2D1正
～尊單衣一領

民部

0689

民

民

1

YM6D5正・2
送徒～

乁部

0690

也

也

4

YM6D9反
欲還未敢～

YM6J125
命～夫

YM6D9正
直頭者毋來～

氏部

0691

氏

氏

8

YM6D9正
姓朱～

YM6D9正・1
爲張～

YM6D9正
朝～

戈部

0692 戈

戈　3

YM6D6正・5　銅～六十九

YM6D6正・3　～稾刃

0693 賊

賊　4

YM6J38　逐～宿褭賁傳舍

YM6J123　不能起～

0694 武

武　21

YM6D3正・3　即丘長膠國昌～范常

YM6J29　宿～原中門亭

YM6J53　宿～原中鄉

我部

0695 我

我　2

YM6J117　見～不

0696 義

義　3

YM6J114　行～淑茂

YM6D3反・2　王～故御史

乚部

0697 直

15

YM2D1正　霜綺~領一領

YM2D1正　帛纚合~領一領

YM2D1正　右~領二領

YM6D9正　~尾者

YM6D9反　~久不死

YM6D9反　~久什一生

YM6D9反　~久遠人

亾部

0698 亾

15

YM6J123　~烏被創

YM6J120　~烏曰

YM6J129　~烏被患

YM6D5反·1　今右央~

YM6J128　卒以死~

YM6J122　~烏沸然而大怒

YM6D9反　何物人見~

YM6D3正·1　以捕格山陽~徒將率

YM6J113　行必死~

0699 望

1

YM6J48　宿博~置

匸部

0700 匿

1

YM6D9 反

病～幼中

匚部

0701 匡

1

YM6D4・2

新陽侯家丞承～己

曲部

0702 曲

16

YM6D9 反

～婦惠謹少言語

YM6D3 反・3

平～丞潁川郡長社

弓部

0703 弓

9

YM6D7 正

～長叔二百

YM6D6 正・1

乘與～矢五百

0704 張

21

YM6D9反　～婦强梁有子當家

YM6D7正　～泰君五百

张　YM6D7正　羊子～三百

YM6D7正　～稚禹五百

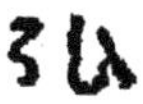

YM6J122　～曰陽麋

YM6D8反　～稚

YM6D7正　～君長三百

0705 引

2

YM6D9反　病葝～

YM6D9反　外内相～

0706 發

14

YM6J50　旦～夕謁宿邸

YM6J118　～忿

YM6J27　旦～夕謁宿舍

YM6J36　壬午奏事官己～宿家

YM6J60　旦～夕謁宿榮陽亭

YM6J14　丁卯旦～宿舍

YM6J21　旦～宿柘楊

弦部

0707 弦

2

YM6D6 正・1 弩~卌六

YM6D 反・4 ~千二百

系部

0708 孫

12

YM6D14 反 謁者徐中~中郎王

孙 YM6D7 反 ~卿

YM6D7 反 ~都卿

0709 繇

1

YM6D5 正・2 右十三人~

0710 重 由

1

YM6D5 正・4 新陽丞上官~

第十三　糸部——力部

糸部

0711 糸

7

YM6D12 反
~履一兩

YM6D13 反
五采~一具

YM2D1 反
黄~履一

0712 紀

1

YM6J120
天地剛~

0713 絶

1

YM6J124
~繫有餘

0714 級

2

YM6D14 反
東海大守~

0715 約

1

YM6D10 反
~五月

0716 縛

3

YM6J124
~之愈固

YM6J112
必轂留束~

編號	字頭	數	出處	辭例
0717	紈	1	YM6J124	～樹欋楝
0718	終	3	YM6D9反・2	詘婦不～生
			YM6D9反・2	婦姡不～生
0719	繒	5	YM6D12反	～履一兩
			YM6D13正	君兄～方緹中物疏
0720	綺	8	YM2D1正	霜～直領一領
			YM2D1正・2	絈～諸于
			YM6D12反	繻～衾一
0721	縑	1	YM2D1正・3	～單幂一
0722	練	6	YM6D12正	～早大絝一
			YM6D12正	～單繻三領
			YM6D12反	～小絝二衣
0723	繡	3	YM2D1反	～手衣二領
			YM6D12正	～被二領
0724	絹	1	YM2D1反	五采～一橐

0725 緑　1

YM2D1正　～丸綺一

0726 縹　1

YM6D12正　～被一領

0727 緹　3

YM6D13正　君兄繒方～中物疏

YM6D13正　方～一

0728 繻　9

YM2D1正　木黄監～一領

YM2D1正　右～凡六領

YM6D12正　練單～三領

YM2D1正　繡長～一領

YM2D1正　繡散合～一領

0729 組　2

YM6D6正・2　乘與綸～八十八

0730 綸　3

YM6J115　高樹～（輪）棍

0731 紟　1

YM2D1正　霜散～一領

0732	綺		10		YM6D12正	練早大～一
					YM2D1正	緑丸～一
					YM6D12正	白鮮支單～一
					YM6D12反	練小～二衣
0733	繩		2	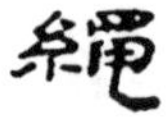	YM6D13正	～杅一
				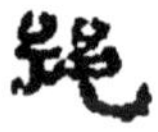	YM6J127	青～（蠅）
0734	絮		7		YM6D13反	方～二
					YM6D13反	故～七枚
0735	繫		2		YM6J124	絶～有餘
0736	絈		1		YM2D1正	～綺諸于一領
0737	絪		2		YM2D1正	鮮支～二領
					YM2D1正	右～單襦五領
0738	纚		18		YM2D1正	～丸合帬一
					YM6D12正	～丸合衣一領
					YM6D12正	～綺復衣一領衣

YM6D12反 ~丸諸于一領

YM6D12反 ~段領一

率部

0739 率

2

YM6D3正·1 山陽亡徒將~

虫部

0740 虫

2

YM6J116 澤及昆~（蟲）

YM6J114 執~（蟲）坊皇

0741 强

3

YM6D9反 張婦~梁有子當家

YM6D5反·2 寫圖一人~廣

蚰部

0742 蠶

3

蠶 YM6D13反 簣~二

YM6D13反 頓牟~一

0743 重

蚤

2

YM6J77
雞鳴至～（早）食

蟲部

0744 重

蜚

2

YM6J114
～（飛）之類

風部

0745

風

2

YM6J25
大～盡日止

二部

0746

二

454

YM6D13 正
筆～枚

YM6J100
申～陽一陰北門

YM6J99
未～陰一陽西門

YM6D11
見五十～人

YM6D13 正
刀～枚

YM6D13 反
方絮～

YM6D10正 丙戌九月廿～日立冬

YM6J43 ～月小

YM2D1正 右直領～領

YM6D7反 淳于君房～百

YM6J74 元延～年

YM6D8反 番次翁～百

YM6D8反 王季卿～百

YM6D7反 州君游～百

YM6D7反 永始～年

YM6D1正 凡十～人

YM6D1正 卒二千九百七十～人

YM6D1正 邑～

0747 亟

1

YM6J123 女不～走

0748 凡

60

YM2D1正 右衣單復～九領

YM6D5反・2 ～九人

YM6D2正 ～廿七人

YM6D1反 ～萬四千四百九十三

YM6D12反 ～卌九領

YM6D1正 ～三百廿四人

土部

0749 地

1

YM6J120 天～剛紀

0750 堵

1

YM6D3 正・3 南陽郡～陽邑張崇

0751 封

2

YM6D22 反 奉府君記一～

YM6D1 正 提～

0752 墨

1

YM6D13 正 ～橐一

0753 城

25

YM6J39 己丑宿彭～傳舍

YM6J36 丁亥宿彭～傳舍

YM6J57 癸卯宿彭～傳舍

0754 新 坊

1

YM6J114 執虫～皇

里部

0755 里

3

YM6D1正 南北四百八十八～

YM6D1正 界東西五百五十一～

田部

0756 田

4

YM6D1正 孝弟力～各百廿人

YM6D1反 邑居園～

0757 畍

2

界 YM6D5反・2 上爭～圖一人禹順

YM6D1正 ～東西五百五十一里

0758 當

2

YM6D9反 張婦强粱有子～家

YM6D9反 高婦～家難輿

0759 畱

13

YM6D9反 疾日夜不～

YM6D9反 ～見止必得

YM6J112 以行必轂～束縛

YM6D9反 行者～

YM6D9反 日夜不～

YM6D9反 行者有所～

黃部

0760

黃

5

YM2D1反
～系履一

YM6D6正・2
乘與～韋篋

力部

0761

力

1

YM6D1正
孝弟～田各百廿人

0762

勳

6

YM6D3反・3
東安丞沛郡栗丁～

YM6D13反
勳橐二

YM6D4・2
魯國魯曹～

0763

功

88

YM6D16正
奏東海大守～曹

YM6D14反
謹遣～曹史

YM6D3正・3
故侯行人以～遷

YM6D8反
朱謁～二百

YM6D3正・1
以～遷

YM6D7反
王君～二百

YM6D7正
許君～三百

YM6D7反
薛元～

YM6J64
丁未署～曹

0764
勢

3

YM6D8反
易子～三百

YM6D8反
于～二百

YM6D7反
于子～

0765
劾

2

YM6D5正・4
右二人有～

第十四　金部——亥部

金部

0766 鏡

2

YM6D13 反
～及衣各一

0767 銛

1

YM6D6 正・2
～千一百五

0768 錢

23

YM6D5 正・1
輸～齊服官

YM6D1 反
二千五百六～

YM6J11
予房～千

YM6J36
癸未予房～八百

YM6J47
予房～四百

YM6J51
宿家予房～千

YM6D8 正
共千～

0769 鈒

1

YM6D6 正・2
乘與～

0770 鐂

鐂

6

劉 YM6D7正

～子嚴三百

YM6D8正・1

～子嚴

0771 鈍

鈍

1

YM6D6反・4

～于蘭五

几部

0772 重 處

處

4

YM6J116

因巢而～

YM6J124

至其故～

且部

0773 且

且

1

YM6J131

鳥獸～相慢

斤部

0774 所

所

10

YM6D5反・2

督盜賊四人請治～

YM6D5反・1

請治～

YM6J127

妾志～持

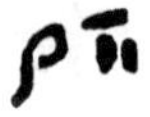
YM6J129
毋～告愬

YM6D10反
約五月盡～

斗部

0775 斗 9

YM6D1正
～食五百一人

YM6D1反
二～二升

0776 升 3

YM6D1反
～出

YM6D1反
二斗二～少

車部

0777 車 43

YM6D6正·1
兵～器集簿

YM6D6反·2
輂～一乘

YM6J123
迺詳～薄

0778 輕 2

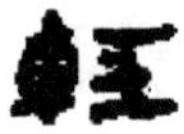
YM6D9反
～易解

0779 輿 1

YM6D9反
高婦當家難～

0780 軍 5

YM6D4·1 故將~史

YM6J13 丁卯宿南春宅~

0781 輸 10

YM6D5正·1 ~錢齊服官

YM6D5正·1 十二日~錢都内

YM6D5正·1 廿五日~錢都内

自部

0782 官 90

YM6D18反 五~掾副

YM6D2正 ~有秩二人

YM6D5正·1 輸錢齊服~

YM6D1正 都~二

YM6J115 自詑府~

𨸏部

0783 陵 21

YM6D2正 蘭~吏員八十八人

YM6D3反·3 建~相

YM6J51 第七己亥宿蘭~良亭

0784 陰 54

YM6J98 酉二陽一~〈陽〉南門

YM6D3正·3 潁川郡潁~王昌

YM6J36 甲申宿~平

YM6D13正
六甲～陽書一卷

0785 陽

143

YM6J106
酉二陰一～南門

YM6D3正・1
山～郡

YM6J100
申二～一陰北門

YM6J102
巳二～一陰西門

YM6J100
子三～西門

YM6J100
午三～東門

YM6J101
丁卯二～一陰北門

YM6J101
丑三～東門

YM6D13正
六甲陰～書一卷

YM6D3正・1
以捕格山～亡徒將率

YM6D3反・3
山～郡單父曾聖

YM6J114
春氣始～

0786 陳

34

YM6D3反・3
～留郡襄邑共褒

YM6D3正・3
汝南郡汝陰～逢

YM6D9正
～氏

0787 除

16

YM6D3正・1
請詔～

YM6D3正・2
以請詔～

YM6D3反・3
以捕格不道者～

四部

0788
四
四（篆）
190

YM6J44
~月小

YM6J59
第~

YM6D10 正
正月十~日立春

YM6D2 正
游徼~人

YM6D10 正
十二月廿~日立春

YM6D10 正
五月廿~日初伏

YM6D13 反
鄉橐~

YM6D10 正
~月大

YM6J47
庚寅予房錢~百

YM6D1 正
郵卌~人

YM6D1 正
二千五百卌~

YM6D1 正
其廿~

YM6D1 正
五十~人

0789 重
亖
亖（篆）
2

YM2D1 正
右巨巾~

五部

0790
五
𠄡（篆）
196

YM2D1 正
右絅單襦~領

YM6J36
第~丁亥宿彭城傳舍

YM6J2
~月大

YM6D12正
旱單～領

YM6D10正
～月廿四日初伏

YM6D11
～月小

YM6D1正
界東西～百五十一里

YM6D13反
～采系

YM6D1正
二千～百卌四

YM6D10正
～月

YM6D8反
師君長～百

YM6D7正
陳君兄～百

六部

0791

六

168

YM2D1正
右繻凡～領

YM6J37
第～

YM6J44
～月小

YM6J52
甲午夜漏上～刻失火

YM6D2正
秩～百石

YM6D10正
～月廿日

YM6D10反
元延元年三月十～日

YM6D10正
～月大

YM6D1正
萬一千～百六十二

YM6D1正
廿六萬～千二百九十

YM6D1反
六千～百六十四萬

七部

0792 七

125

YM6D10正 ～月小

YM6J3 ～月大

YM6D1正 令～人

YM6D1反 成户～千卌九

YM6D1正 鄉三老百～十人

YM6D13反 故絜～枚

YM6D1正 凡廿～人

YM6D1正 卒二千九百～十二人

YM6J39 第～

YM6D2正 大守吏員廿～人

YM6D1正 鄉百～十

九部

0793 九

133

YM2D1正 右衣單復凡～〈十〉領

YM6D12反 凡卌～領

YM6J15 第～

YM6D6正・2 乘與終千百卌～

YM6J3 ～月大

YM6D2正 亭長十～人

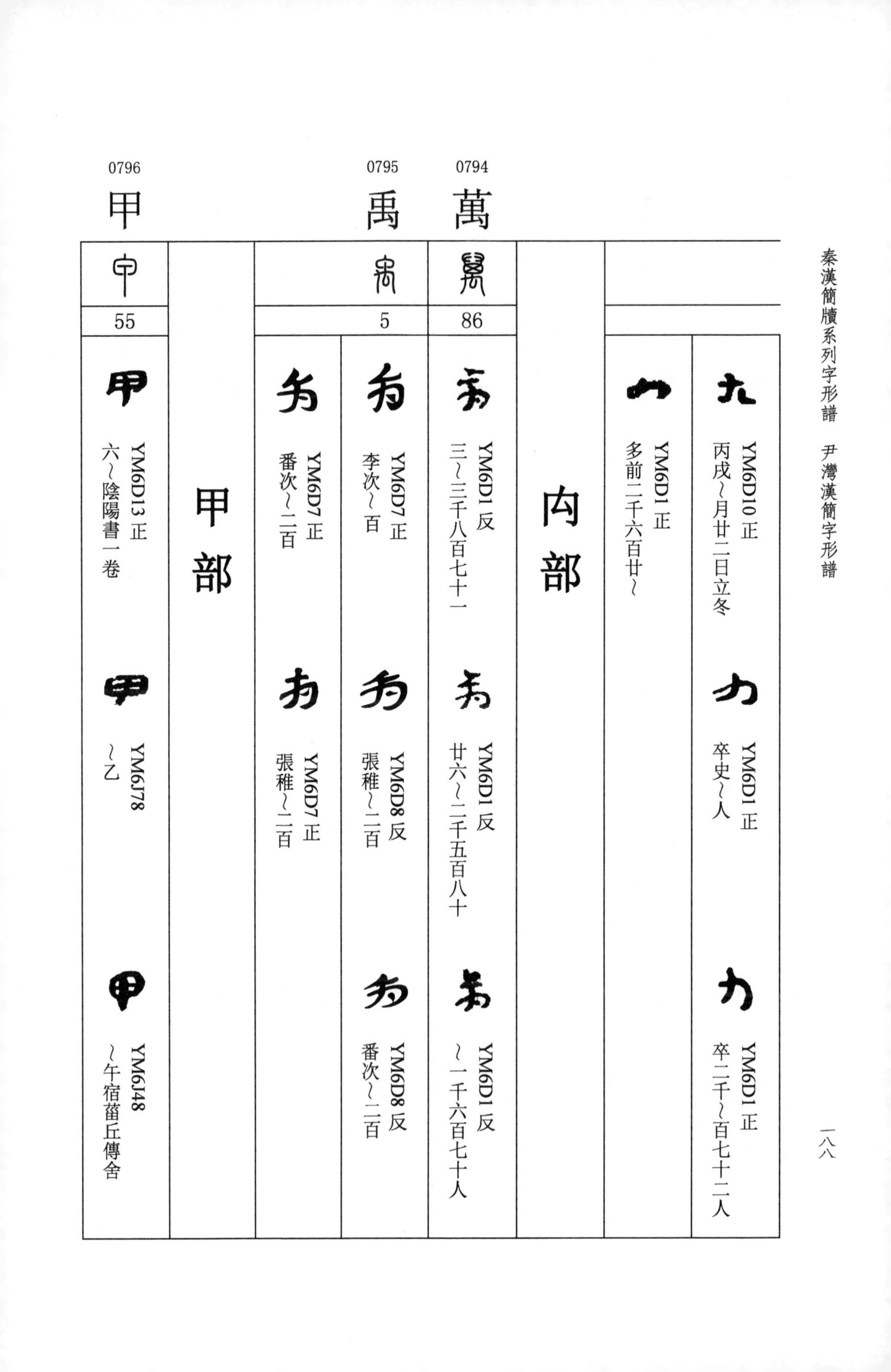

YM6D10正　丙戌～月廿二日立冬

YM6D1正　卒史～人

YM6D1正　卒二千～百七十二人

YM6D1正　多前二千六百廿～

内部

0794 萬

86

YM6D1反　三～三千八百七十一

YM6D1反　廿六～二千五百八十

YM6D1反　～一千六百七十人

0795 禹

5

YM6D7正　李次～百

YM6D8反　張稚～二百

YM6D8反　番次～二百

YM6D7正　番次～二百

YM6D7正　張稚～二百

甲部

0796 甲

55

YM6D13正　六～陰陽書一卷

YM6J78　～乙

YM6J48　～午宿菑丘傳舍

乙部

0797

乙

51

YM6D10正 ~亥朔

YM6J36 ~酉宿南春宅

YM6J14 ~丑

YM6J60 ~巳宿家

YM6J52 ~未

YM6J34 ~酉宿彭城傳舍

YM6D10正 ~卯

YM6D11 旮日~

YM6D9正 ~亥

0798

尤

6

YM6D3正·1 以捕羣盜~異除

YM6D3正·3 捕格山陽亡徒~異除

丙部

0799

丙

52

YM6D9正 ~寅

YM6D10正 ~辰

YM6J79 ~丁

YM6J39 ~戌

YM6J49 第四~申宿羽

YM6J59 ~午旦休宿家

丁部

0800

丁

61

YM6D10正 ~酉朔

YM6D11 復~癸

YM6D9正 ~巳

YM6J29 ~丑冬至

YM6J28 ~丑

YM6J63 ~未

YM6D3反·3 東安丞沛郡栗~勳

YM6J79 丙~

YM6J14 ~卯旦發宿舍

YM6J53 ~酉

YM6J36 ~亥宿彭城傳舍

YM6J25 第五~丑宿舍

戊部

0801

戊

56

YM6D3反·3 故~校前曲候令史

YM6D10正 ~子

YM6J80 ~己

YM6D9正 ~子

YM6D9正 ~寅

YM6J41 ~子宿舍

0802

戌

23

YM6J65 ～申

YM6J31 ～寅

YM6J14 ～辰宿南春宅

YM6J63 ～申宿家

YM6D21反 良～侯顉

YM6J109 百事皆～

YM6J110 行者憂事亦～

YM6D3反·3 山陽郡邛～

YM6D3正·3 利～

己部

0803

己

53

YM6J104 ～巳三陰毋門

YM6D9正 ～巳

YM6D10正 ～酉

YM6D9正 ～亥

YM6J120 今子自～

YM6J28 ～卯宿南春宅

YM6J29 ～卯

YM6J17 ～巳

YM6J40 ～丑宿南春宅

YM6J54
~亥宿家

YM6J73
~未病

庚部

0804
庚

53

YM6J105
~午三陽東門

YM6J81
~辛

辛部

0805
辛

53

YM6J81
庚~

YM6D9正
~未

YM6D9正
~卯

YM6D10正
~酉

YM6D10正
~丑

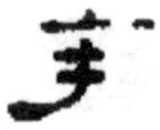
YM6D10正
~巳

壬部

0806
壬

49

YM6D10正
~子

YM6J82
~癸

YM6J25
~申

YM6J47 ～辰宿房離亭

YM6D9正 ～子

YM6J60 ～寅宿臨沂傳舍喪告

YM6J66 ～子宿南春亭

YM6J68 ～子

癸部

0807 癸

51

YM6D11 復丁～

YM6J108 ～酉三陽南門

子部

0808 子

152

YM6D8反 后～然

YM6J51 戊戌宿～嚴舍

YM6D9正 甲～

YM6J120 吾聞君～

YM6J83 生～大吉

YM6J120 今～自己

YM6J121 ～之不仁

YM6D8正 劉～嚴

YM6D7正 莒～元三百

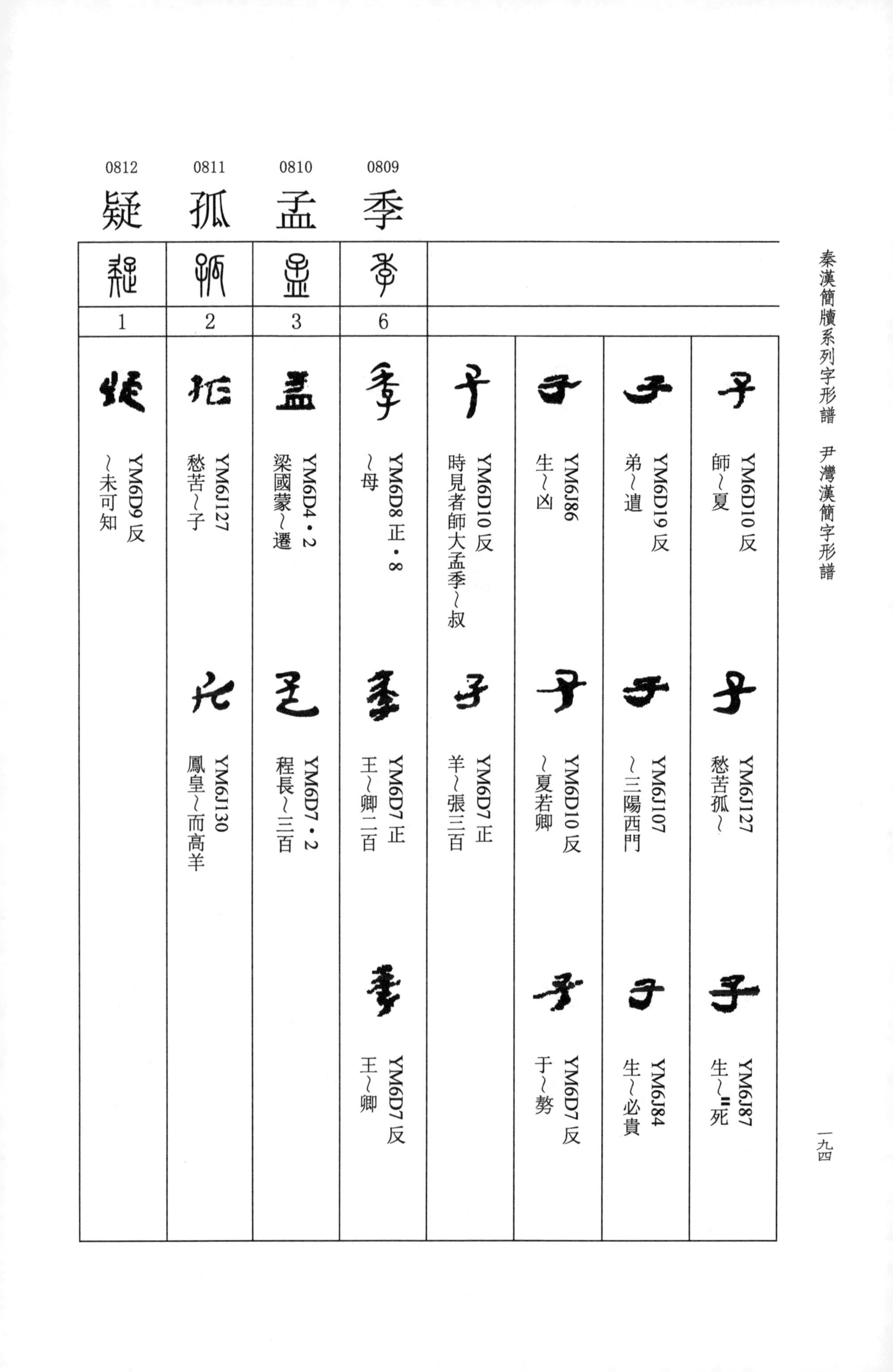

（子，續）

YM6D10反 師～夏

YM6J127 愁苦孤～

YM6J87 生～=死

YM6D19反 弟～遺

YM6J107 ～三陽西門

YM6J84 生～必貴

YM6J86 生～凶

YM6D10反 ～夏若卿

YM6D7反 于～勢

YM6D10反 時見者師大孟季～叔

YM6D7正 羊～張三百

0809 季

6

YM6D8正・8 ～母

YM6D7正 王～卿二百

YM6D7反 王～卿

0810 孟

3

YM6D4・2 梁國蒙～遷

YM6D7・2 程長～三百

0811 孤

2

YM6J127 愁苦～子

YM6J130 鳳皇～而高羊

0812 疑

1

YM6D9反 ～未可知

厷部

0813

疏

4

YM6D13 正　君兄繒方緹中物～

YM6D12 正　君兄衣物～

YM6D13 反　～比一具

丑部

0814

丑

46

YM6D11　解衍～

YM6D11　月殺～

YM6D10 正　己～

YM6J108　～三陽東門

YM6J104　～二陰一陽東門

YM6J106　～二陰一陽南門

YM6J98　乙～二陰一陽東門

寅部

0815

寅

45

YM6J103　～三陽南門

YM6J105　～三陽南門

YM6J107　～三陽南門

卯部

0816

卯

48

YM6D10正
乙～

YM6J101
丁～二陽一陰北門

YM6J108
～二陽一陰北門

YM6J72
乙～

YM6J48
辛～立冬

辰部

0817

辰

48

YM6D10正
戊～朔

YM6D9正
壬～

YM6D10正
丙～

YM6J100
～二陽一陰南門

0818

辱

1

YM6J122
得～

巳部

0819 巳

53

出處	辭例
YM6J102	～二陽一陰西門
YM6J99	～二陰一陽西門
YM6D10正	丁～
YM6D10正	癸～
YM6D10正	乙～
YM6D10正	辛～
YM6J13	第七己～宿家
YM6J14	己～宿家
YM6J17	己～
YM6D9正・3	辛～
YM6J104	己～三陰毋門
YM6D11	己～四日
YM6J60	乙～宿家
YM6J36	奏事官～（已）發宿家
YM6J54	食～（已）發宿開陽亭
YM6D4・2	家丞承匡～（已）故

0820 㠯

142

出處	辭例
以 YM6D1反	年八十～上
YM6J86	～行不利
YM6D3正・1	故侍郎～功遷
YM6D9正	～月鼂
YM6J85	～罰時請謁
YM6D1反	年九十～上

YM6J127 ~死傷生

YM6J88 ~行大利

YM6J112 ~行必轂留東縛

YM6J131 誠寫遇~意傳之

YM6J88 ~德時請謁

YM6J116 圍樹~棘

午部

0821

午

48

YM6J103 ~三陽東門

YM6J15 庚~宿家

YM6D11 建日~

YM6D10正 庚~

YM6J105 庚~三陽東門

YM6J23 庚~

YM6J49 甲~宿舍

未部

0822

未

55

YM6D9反 來而~至

YM6D11 月省~

YM6D9反 遠反~至

YM6D9反
疑～可知

YM6D10正
丁～

YM6D11反
支～

YM6D10正
辛～

YM6D9正
辛～

YM6J99
～二陰一陽西門

YM6D9正
己～

YM6J48
第三乙～宿羽

YM6J117
～得遠去

YM6J71
第七己～宿南春亭

YM6D3正・1
張～央

YM6J64
丁～署功曹

申部

0823

申

46

YM6D10正
庚～

YM6J105
～二陽一陰北門

YM6J100
～二陽一陰北門

YM6J52
丙～

YM6J73
庚～宿子嚴舍

YM6J122
噴翼～頸

YM6D10正
丙～朔

YM6J125
～（伸）頸比天而鳴

酉部

0824

酉

𨑀

45

YM6J106
～二陰一陽南門

YM6J108
癸～三陽南門

YM6D10 正
辛～

YM6D10 正
丁～朔

酋部

0825 重

尊

𢍜

2

YM6D12 正
白毋～單衣一領

戌部

0826

戌

戌

45

YM6J105
～三陽北門

YM6D10 正
甲～

YM6D10 正
丙～九月廿二日立冬

YM6J103
～三陽北門

YM6J100
～三陽北門

亥部

0827
亥

45

YM6J101
~二陽一陰東門

YM6J108
~二陽一陰東門

YM6J68
辛~

筆畫序檢字表

一　本檢字表，供檢索《尹灣漢簡字形譜》單字的所有字頭和字頭下的俗寫異體用，由此可檢閱到相關字頭下的全部内容。

二　表中被檢字首先按筆畫排列，筆畫相同的字再按筆順（一、丨、丿、丶、乙）之序排列。

三　每一字頭之後是該字在字形譜中的字頭序號——四位阿拉伯數字或四位阿拉伯數字加「重」，或四位阿拉伯數字加「新」。例如：「甲　0795」，表示「甲」的字頭序號爲「0795」。

四　鑒於有些字頭和字頭下的俗寫異體較爲生僻，爲便於檢索，本檢字表專門列出了與這些生僻字所對應的通行體，即通過檢索某一生僻字所對應的通行體，也可檢索到該生僻字。具體詳《凡例》第十四條。

一畫
一 0001
乙 0797
二畫
二 0746
十 0123
丁 0800
七 0792
八 0049
入 0280
人 0444
九 0793
刀 0227
力 0761
又 0162
三畫
三 0012
干 0120
于 0260
亏 0260
士 0021
下 0007重
大 0560
上 0005重
小 0047
口 0060
巾 0435
山 0525
千 0124
川 0632
亾 0698
及 0167
久 0304
夕 0392
丸 0531
凡 0748
亡 0698
之 0337
弓 0703
己 0803
巳 0819
子 0808
也 0690
女 0677
刃 0238
四畫
亖 0789重
王 0013
天 0003
夫 0567
元 0002
云 0640重
廿 0126
木 0305
五 0790
支 0174
不 0647
尤 0798
巨 0252
牙 0117
戈 0692
比 0469
止 0082
少 0048
曰 0254
日 0377
中 0022
内 0281
水 0597
手 0660
午 0821
毛 0488
壬 0806
升 0776
仁 0445
什 0452
仆 0460
反 0169
父 0164
今 0278
凶 0408
分 0050
公 0053
丸 0531
月 0387
戶 0651
氏 0691
文 0512
六 0791
方 0494
火 0553
为 0161
斗 0775
尹 0166
夬 0165
尺 0490
引 0705
丑 0814
孔 0646
以 0820
予 0216
毋 0688

五畫

未 0822
正 0087
邛 0371
功 0763
去 0270
世 0129
丗 0128
可 0258
丙 0799
左 0250
右 0163
石 0533
布 0441
戊 0801
平 0261
北 0470

占 0186
旦 0385
且 0773
甲 0796
申 0823
由 0710重
田 0756
史 0172
央 0291
兄 0496
目 0820
叩 0077
四 0788
生 0342
矢 0283
失 0672
丘 0471

代 0455
白 0443
他 0464
卮 0516
乎 0259
令 0517
用 0187
丸 0531
句 0121
卯 0816
外 0394
冬 0636
主 0271
市 0290
立 0568
必 0054
永 0635

司 0515
民 0689
奴 0683
母 0681
幼 0213

六畫

匡 0701
式 0251
刑 0236
㓞 0237
卋 0128
吉 0072
老 0485
𨑒 0088
地 0749
共 0157
臣 0178

吏 0004
再 0212
西 0650
亙 0330重
戌 0826
邳 0373
百 0195
有 0390
而 0537
列 0234
死 0220
成 0802
邪 0375
至 0648
此 0086
早 0379
虫 0740

曲 0702
同 0428
因 0349
回 0347
年 0401
朱 0314
先 0497
竹 0243
休 0329
伏 0462
延 0115
仲 0447
自 0191
向 0413
后 0514
行 0116
全 0282重

合 0277
危 0532
名 0062
各 0075
多 0395
色 0519
亦 0561
交 0564
衣 0476
次 0502
决 0622
亥 0827
羊 0201
州 0633
汙 0624
汝 0600
守 0415
宅 0410
安 0414
孙 0708
丞 0155
如 0686
好 0685
羽 0196
牟 0056
糸 0711

七畫

扶 0663
走 0080
折 0038重
孝 0487
投 0670
坊 0754新
志 0574
卌 0127
芘 0031
杆 0321
杇 0321
杜 0308
材 0318
杖 0322
李 0306
求 0484重
車 0777
更 0185
束 0345
吾 0063
酉 0824
辰 0817
邳 0373
时 0378
見 0498
里 0755
足 0118
呂 0423
邑 0363
告 0059
我 0695
利 0228
何 0448
佐 0465
但 0463
作 0453
伯 0446
身 0475
邸 0367
免 0466
言 0130
辛 0805
弟 0303
沛 0608
沙 0618
沂 0605
决 0622
宋 0419
牢 0057
良 0295
初 0229
君 0064
帬 0439
尾 0491
张 0704
矣 0287

八畫

奉 0154
武 0694
青 0272
長 0536
者 0194
幸 0563
拂 0673
披 0671
其 0249重
取 0171
苦 0027
若 0037
茂 0032
范 0040
直 0697
茅 0028
林 0335
柜 0310

枚 0315
板 0332
東 0334
事 0173
剌 0237
兩 0430
雨 0637
來 0298
到 0649
叔 0170
尚 0052
具 0156
昆 0384
昌 0382
門 0653
易 0538
固 0350

忠 0576
呼 0061
咄 0068
沓 0255
罔 0431重
知 0286
物 0058
季 0809
秉 0168
侍 0451
使 0457
兒 0495
帛 0442
迫 0103
往 0109
所 0774
舍 0279

命 0065
采 0327
受 0217
爭 0218
忿 0586
股 0223
服 0493
周 0073
臽 0407
忽 0584
狗 0545
京 0292
病 0426
夜 0393
疾 0425
府 0527
卒 0483

庚 0804
妾 0151
刻 0232
於 0209重
劾 0765
卷 0518
炊 0556
法 0543重
河 0598
況 0611
泭 0623
泠 0601
泣 0628
沸 0619
治 0607
宗 0420
宜 0416

官 0782
郎 0372
房 0652
建 0114
居 0489
弦 0707
承 0669
孟 0810
孤 0811
亟 0747
妬 0687
姓 0678
始 0684

九畫

奏 0566
春 0042
持 0664

封 0751
城 0753
政 0184
哉 0069
甚 0253
莒 0024
故 0183
胡 0225
南 0341
相 0189
柎 0323
枹 0324
咸 0071
威 0682
研 0535
厚 0294
皆 0192

省 0190
則 0230
明 0391
禺 0524
畏 0523
盼 0757
界 0757
品 0119
哈 0078
骨 0221
拜 0662重
秋 0402
段 0181
便 0456
皇 0015
禹 0795
追 0101

衍 0610
後 0112
俞 0492
采 0327
食 0273
矦 0285
風 0745
急 0581
哀 0076
亭 0289
送 0097
前 0083
洫 0620
洋 0606
宣 0412
室 0411
軍 0780

祖 0010
神 0009
郡 0364
韋 0301
除 0787
怒 0587
怠 0583
癸 0807
蚤 0743重
柔 0317
級 0714
約 0715
紈 0717
紀 0712

十畫

泰 0627
匿 0700

捕 0675
馬 0540
起 0081
都 0365
恐 0591
恭 0577
莫 0046
莞 0030
真 0467
莊 0023
桂 0307
格 0316
索 0340
連 0099
栗 0396
辱 0818
夏 0300

原 0634重
逐 0102
䓁 0083
時 0378
員 0352
恩 0578
豈 0266
剛 0231
氣 0405
郵 0368
秩 0399
奚 0563
恁 0582
躬 0424重
射 0284
息 0573
烏 0208

師 0338
徒 0088
徐 0111
衾 0481
狸 0549
卿 0520
逢 0093
留 0759
記 0143
高 0288
席 0440
病 0426
疾 0425
唐 0074
竝 0571
旁 0006
粉 0406

朔 0388
郯 0374
海 0609
涂 0599
浮 0612
流 0631重
涕 0629
涌 0614
悔 0588
家 0409
宮 0421
冣 0427
被 0480
書 0176
帬 0439
陵 0783
陳 0786
孫 0708
陰 0784
烝 0555
脅 0222
通 0094
能 0552
紒 0731

十一畫

理 0018
琅 0019
堵 0750
焉 0210
授 0668
掊 0667
執 0565
菆 0041
勒 0160
萊 0039
菅 0042
莕 0043
菑 0036
梀 0320
梧 0311
鄍 0370
曹 0256
副 0233
帶 0436
處 0772重
常 0438
貶 0361
問 0066
晦 0381
晚 0380
國 0348
患 0590
唯 0067
眾 0472
崇 0526
朙 0391
過 0090
笱 0122
第 0247
進 0091
鳥 0202
假 0454
得 0113
從 0468
鈒 0769
欲 0500
貪 0360
魚 0641
象 0539
悤 0594
許 0135
訢 0142
庶 0530
康 0400重
章 0149
產 0343
望 0699
率 0739
清 0616
渠 0621
淑 0615
淮 0604
淳 0626
深 0603
梁 0326
惕 0592
惟 0579
寅 0815
宿 0417
殷 0219重
敢 0219重
尉 0557
張 0704
將 0182
陽 0785
隆 0344
婦 0680
鄉 0376
組 0729
紿 0736
終 0718

十二畫

勢 0764
提 0665
博 0125
喜 0262
彭 0264
掾 0666
期 0389
黄 0760
散 0226
畱 0759
萬 0794
敬 0522
葥 0044
落 0033
朝 0386
棺 0331
極 0319

惠 0215
惑 0585
棘 0398
雄 0199
雲 0639
最 0429
閏 0014
開 0654
閒 0655
遇 0092
貴 0362
單 0079
黑 0558
圍 0351
喬 0562
筆 0175
傅 0450

貸 0355
復 0108
須 0511
鈍 0771
番 0055
爲 0161
創 0239重
腊 0383重
猨 0550
猴 0548
然 0554
詘 0145
詔 0141
就 0293
童 0150
棄 0211重
善 0148重

翔 0197
尊 0825重
道 0105
遂 0100
曾 0051
測 0613
湯 0625
盜 0503
惶 0593
補 0482
畫 0177
强 0741
費 0359
疏 0813
絜 0734
賀 0354
登 0084

發 0706
綺 0732
絪 0737
絶 0713
幾 0214

十三畫

瑕 0017
遠 0104
鼓 0265
聖 0656
禁 0011
楚 0336
楊 0309
嗇 0297
穀 0180
頓 0508
歲 0085

㮚 0396
虞 0268
當 0758
賊 0693
鄙 0366
遣 0106
遣 0098
豊 0267
署 0434
睘 0188
罪 0432
稚 0403
愁 0589
節 0244
與 0159
傿 0459
傳 0458

傷 0461
愈 0595
解 0242
詩 0137
誠 0140
詳 0138
詫 0146
廉 0529
意 0575
義 0696
溧 0602
粱 0404
福 0008
辟 0521
嫁 0679
絹 0724

十四畫

摳 0661
壽 0486
蔡 0034
輕 0778
轂 0180
監 0473
碭 0534
臧 0179
蜚 0744重
對 0152重
聞 0659
嘑 0070
嗚 0205
幘 0437
罰 0235
管 0246
䈞 0036

僕 0153
銛 0767
領 0506
鳳 0203
疑 0812
語 0131
廣 0528
竭 0570
端 0569
齊 0397
鄭 0369
愬 0144重
榮 0312
漏 0630
賓 0357
寡 0418
寧 0257

褕 0477
盡 0269
隨 0089
頗 0509
綺 0720
綸 0730
綠 0725

十五畫

髮 0513
賣 0339
橫 0328
歐 0501
賢 0353
遷 0095
憂 0299
鴂 0206
慮 0572

賞 0356
睘 0188
墨 0752
質 0358
德 0107
劍 0240重
餔 0274
餘 0276
魯 0193
劉 0770
請 0133
諸 0136
練 0722
緹 0727

十六畫

憙 0263
蘄 0045

薛 0026
薄 0035
翰 0386
樹 0313
憿 0226
輸 0781
橐 0346
頭 0504
奮 0200
縣 0510
還 0096
勳 0762
徼 0110
衡 0241
錢 0768
貍 0551
獲 0546

謁 0134
謂 0132
廩 0296重
親 0499
龍 0644
營 0422
澤 0617
縛 0716
縑 0721
十七畫
韓 0302
檢 0325
擊 0674
臨 0474
霜 0638
嶋 0207
簧 0245

輿 0779
儲 0449
鮮 0642
翼 0645重
縹 0726
十八畫
騎 0541
職 0658
雞 0198
繇 0709
謹 0139
懮 0596
襜 0478
璧 0016
繒 0719
十九畫
雗 0204重

難 0204重
蘄 0029
繫 0735
麗 0544
羅 0433
簿 0248
鏡 0766
臘 0224
譚 0147
類 0547
襦 0479
繝 0738
繩 0733
繡 0723
二十畫
蘭 0025
黨 0559

鐳 0770
鐃 0275
頟 0505
繻 0728
二十一畫
靈 0020
懼 0580
顧 0507
二十二畫
聽 0657
驚 0542
欋 0333
鱉 0643
二十三畫
靡 0676
龔 0158
二十四畫

蠶 0742
蠱 0742
顯 0505

《説文》序檢字表

一　本檢字表，供檢索《尹灣漢簡字形譜》單字的所有字頭和字頭下的俗寫異體用，由此可檢閱到相關字頭下的全部内容。

二　表中被檢字見於《説文》者，按大徐本《説文》字序排列，分别部居；未見於《説文》者，按偏旁部首附於相應各部後。

三　每一字頭之後是該字在字形譜中的字頭序號——四位阿拉伯數字或四位阿拉伯數字加「重」，或四位阿拉伯數字加「新」。例如：「甲　0795」表示「甲」的字頭序號爲「0795」。

一部
一 0001
元 0002
天 0003
吏 0004
丄部
上 0005重
旁 0006
下 0007重
示部
福 0008
神 0009
祖 0010
禁 0011
三部
三 0012
王部
王 0013
閏 0014
皇 0015
玉部
璧 0016
瑕 0017
理 0018
琅 0019
靈 0020
士部
士 0021
丨部
中 0022
艸部
莊 0023
莒 0024
蘭 0025
薛 0026
苦 0027
茅 0028
蘄 0029
莞 0030
芘 0031
茂 0032
落 0033
蔡 0034
薄 0035
菑 0036
䈝 0036
若 0037
折 0038重
萊 0039
范 0040
菽 0041
萅 0042
春 0042
萶 0043
葝 0044
蔪 0045
茻部
莫 0046
小部
小 0047
少 0048
八部
八 0049
分 0050
曾 0051
尚 0052
公 0053
必 0054
釆部
番 0055
牛部
牟 0056
牢 0057
物 0058
告部
告 0059
口部
口 0060
呼 0061
名 0062
吾 0063
君 0064
命 0065
問 0066
唯 0067
咄 0068
哉 0069
嗕 0070
咸 0071
吉 0072
周 0073
唐 0074
各 0075
哀 0076
叩 0077
哈 0078
吅部
單 0079
走部
走 0080
起 0081
止部

止 0082
冓 0083
前 0083
癶部
登 0084
步部
歲 0085
此部
此 0086
正部
正 0087
辵部
辻 0088
徒 0088
隨 0089
過 0090
進 0091

遇 0092
逢 0093
通 0094
遷 0095
還 0096
送 0097
遣 0098
連 0099
遂 0100
追 0101
逐 0102
迫 0103
遠 0104
道 0105
遺 0106
彳部
德 0107

復 0108
往 0109
徼 0110
徐 0111
後 0112
得 0113
廴部
建 0114
㢟部
延 0115
行部
行 0116
牙部
牙 0117
足部
足 0118
品部

品 0119
干部
干 0120
句部
句 0121
笱 0122
十部
十 0123
千 0124
博 0125
廿 0126
卌 0127
卉部
卉 0128
卋 0128
世 0129
言部

言 0130
語 0131
謂 0132
請 0133
謁 0134
許 0135
諸 0136
詩 0137
詳 0138
謹 0139
誠 0140
詔 0141
訢 0142
記 0143
愬 0144重
詘 0145
詑 0146

譚 0147
誩部
善 0148重
音部
章 0149
䇂部
童 0150
妾 0151
丵部
對 0152重
菐部
僕 0153
廾部
奉 0154
丞 0155
具 0156
共部

共　0157
龔　0158
舁部
與　0159
革部
勒　0160
爪部
爲　0161
为　0161
又部
又　0162
右　0163
父　0164
夬　0165
尹　0166
及　0167
秉　0168

反　0169
叔　0170
取　0171
史部
史　0172
事　0173
支部
支　0174
聿部
筆　0175
書　0176
畫部
晝　0177
臣部
臣　0178
臧　0179
殳部

毄　0180
段　0181
寸部
將　0182
攴部
故　0183
政　0184
更　0185
卜部
占　0186
用部
用　0187
目部
睘　0188
瞏　0188
相　0189
眉部

省　0190
自部
自　0191
白部
皆　0192
魯　0193
者　0194
百　0195
羽部
羽　0196
翔　0197
隹部
雞　0198
雄　0199
奞部
奮　0200
羊部

羊　0201
鳥部
鳥　0202
鳳　0203
⿰堇隹　0204重
難　0204重
鳴　0205
⿰厷鳥　0206
嶋　0207
烏部
烏　0208
於　0209重
焉　0210
華部
棄　0211重
冓部
再　0212

幺部
幼　0213
丝部
幾　0214
叀部
惠　0215
予部
予　0216
𠬪部
受　0217
爭　0218
𣪠　0219重
敢　0219重
死部
死　0220
骨部
骨　0221

肉部
脅 0222
股 0223
臘 0224
胡 0225
散 0226
散 0226
刀部
刀 0227
利 0228
初 0229
則 0230
剛 0231
刻 0232
副 0233
列 0234
罰 0235

刑 0236
刺 0237
刬 0237
刃部
刃 0238
創 0239重
劍 0240重
角部
衡 0241
解 0242
竹部
竹 0243
節 0244
簧 0245
管 0246
第 0247
簿 0248

箕部
其 0249重
左部
左 0250
工部
式 0251
巨 0252
甘部
甚 0253
曰部
曰 0254
沓 0255
曹 0256
丂部
寧 0257
可部
可 0258

兮部
乎 0259
亏部
亏 0260
于 0260
平 0261
喜部
喜 0262
憙 0263
壴部
彭 0264
鼓部
鼓 0265
豈部
豈 0266
豊部
豊 0267

虍部
虞 0268
皿部
盡 0269
去部
去 0270
丶部
主 0271
青部
青 0272
食部
食 0273
餔 0274
饒 0275
餘 0276
亼部
合 0277

今 0278
舍 0279
入部
入 0280
内 0281
全 0282重
矢部
矢 0283
射 0284
矦 0285
知 0286
矣 0287
高部
高 0288
亭 0289
冂部
市 0290

央　0291
京部
京　0292
就　0293
旱部
厚　0294
畗部
良　0295
㐭部
廩　0296重
嗇部
嗇　0297
來部
來　0298
夊部
憂　0299
夏　0300

韋部
韋　0301
韓　0302
弟部
弟　0303
夂部
夂　0304
木部
木　0305
李　0306
桂　0307
杜　0308
楊　0309
柜　0310
梧　0311
榮　0312
樹　0313

朱　0314
枚　0315
格　0316
柔　0317
材　0318
極　0319
楝　0320
朽　0321
杅　0321
杖　0322
柎　0323
枹　0324
檢　0325
梁　0326
采　0327
采　0327
横　0328

休　0329
亙　0330重
棺　0331
板　0332
櫂　0333
東部
東　0334
林部
林　0335
楚　0336
之部
之　0337
帀部
師　0338
出部
賣　0339
𣎵部

索　0340
南　0341
生部
生　0342
產　0343
隆　0344
束部
束　0345
橐部
橐　0346
口部
回　0347
國　0348
因　0349
固　0350
圍　0351
員部

員　0352
貝部
賢　0353
賀　0354
貸　0355
賞　0356
賓　0357
質　0358
費　0359
貪　0360
貶　0361
貴　0362
邑部
邑　0363
郡　0364
都　0365
鄙　0366

邸 0367
郵 0368
鄭 0369
郾 0370
邛 0371
郎 0372
邳 0373
邴 0373
郯 0374
邪 0375
𨛜部
鄉 0376
日部
日 0377
時 0378
时 0378
早 0379

晚 0380
晦 0381
昌 0382
腊 0383重
昆 0384
旦部
旦 0385
倝部
韓 0386
朝 0386
月部
月 0387
朔 0388
期 0389
有部
有 0390
朙部

朙 0391
明 0391
夕部
夕 0392
夜 0393
外 0394
多部
多 0395
𠧪部
㮚 0396
栗 0396
齊部
齊 0397
朿部
棘 0398
禾部
秩 0399

康 0400重
年 0401
秋 0402
稚 0403
米部
粱 0404
氣 0405
粉 0406
臼部
臽 0407
凶部
凶 0408
宀部
家 0409
宅 0410
室 0411
宣 0412

向 0413
安 0414
守 0415
宜 0416
宿 0417
寡 0418
宋 0419
宗 0420
宮部
宮 0421
營 04222
呂部
呂 0423
躳 0424重
疒部
疾 0425
疾 0425

病 0426
病 0426
冖部
冣 0427
𠔼部
同 0428
冃部
最 0429
㒳部
兩 0430
网部
罔 0431重
罪 0432
羅 0433
署 0434
巾部
巾 0435

帶　0436
幘　0437
常　0438
帬　0439
帬　0439
席　0440
布　0441
帛部
帛　0442
白部
白　0443
人部
人　0444
仁　0445
伯　0446
仲　0447
何　0448
儲　0449
傅　0450
侍　0451
什　0452
作　0453
假　0454
代　0455
便　0456
使　0457
傳　0458
傿　0459
仆　0460
傷　0461
伏　0462
但　0463
他　0464
佐　0465
免　0466
匕部
真　0467
从部
從　0468
比部
比　0469
北部
北　0470
丘部
丘　0471
㐺部
眾　0472
臥部
監　0473
臨　0474
身部
身　0475
衣部
衣　0476
褕　0477
襘　0478
襦　0479
被　0480
衾　0481
補　0482
卒　0483
裘部
求　0484重
老部
老　0485
壽　0486
孝　0487
毛部
毛　0488
尸部
居　0489
尺部
尺　0490
尾部
尾　0491
舟部
俞　0492
服　0493
方部
方　0494
儿部
兒　0495
兄部
兄　0496
先部
先　0497
見部
見　0498
親　0499
欠部
欲　0500
歐　0501
次　0502
㳄部
盜　0503
頁部
頭　0504
顯　0505
頷　0505
領　0506
顧　0507
頓　0508

頗 0509
県部
縣 0510
須部
須 0511
文部
文 0512
髟部
髮 0513
后部
后 0514
司部
司 0515
卮部
卮 0516
卩部
令 0517

卷 0518
色部
色 0519
卯部
卿 0520
辟部
辟 0521
茍部
敬 0522
由部
畏 0523
禺部
禺 0524
山部
山 0525
崇 0526
广部
府 0527

廣 0528
廉 0529
庶 0530
丸部
丸 0531
丸 0531
丸 0531
危部
危 0532
石部
石 0533
碭 0534
研 0535
長部
長 0536
而部
而 0537

易部
易 0538
象部
象 0539
馬部
馬 0540
騎 0541
驚 0542
廌部
法 0543重
鹿部
麗 0544
犬部
狗 0545
獲 0546
類 0547
猴 0548

狸 0549
猨 0550
貍 0551
能部
能 0552
火部
火 0553
然 0554
烝 0555
炊 0556
尉 0557
黑部
黑 0558
黨 0559
大部
大 0560
亦部

亦 0561
夭部
喬 0562
奔 0563
交部
交 0564
幸部
執 0565
夲部
奏 0566
夫部
夫 0567
立部
立 0568
端 0569
竭 0570
竝部

泣 0571
思部
慮 0572
心部
息 0573
志 0574
意 0575
忠 0576
恭 0577
恩 0578
惟 0579
懼 0580
急 0581
恬 0582
怠 0583
忽 0584
惑 0585

忿 0586
怒 0587
悔 0588
愁 0589
患 0590
恐 0591
惕 0592
惶 0593
怨 0594
愈 0595
懮 0596
水部
水 0597
河 0598
涂 0599
汝 0600
泠 0601

溧 0602
深 0603
淮 0604
沂 0605
洋 0606
治 0607
沛 0608
海 0609
衍 0610
況 0611
浮 0612
測 0613
涌 0614
淑 0615
清 0616
澤 0617
沙 0618

沸 0619
洫 0620
渠 0621
決 0622
決 0622
泭 0623
汙 0624
湯 0625
淳 0626
泰 0627
泣 0628
涕 0629
漏 0630
沝部
流 0631重
川部
川 0632

州 0633
灥部
原 0634重
永部
永 0635
仌部
冬 0636
雨部
雨 0637
霜 0638
雲部
雲 0639
云 0640重
魚部
魚 0641
鮮 0642
鱉 0643

龍部
龍 0644
飛部
翼 0645重
乙部
孔 0646
不部
不 0647
至部
至 0648
到 0649
西部
西 0650
戶部
戶 0651
房 0652
門部

門 0653
開 0654
閈 0655
耳部
聖 0656
聽 0657
職 0658
聞 0659
手部
手 0660
摳 0661
拜 0662重
扶 0663
持 0664
提 0665
掾 0666
掊 0667

授 0668
承 0669
投 0670
披 0671
失 0672
拂 0673
擊 0674
捕 0675
摩 0676
女部
女 0677
姓 0678
嫁 0679
婦 0680
母 0681
威 0682
奴 0683

始 0684
好 0685
如 0686
姤 0687
毋部
毋 0688
民部
民 0689
丿部
也 0690
氏部
氏 0691
戈部
戈 0692
賊 0693
武 0694
我部

我 0695
義 0696
乚部
直 0697
亾部
亾 0698
望 0699
匸部
匿 0700
匚部
匡 0701
曲部
曲 0702
弓部
弓 0703
張 0704
张 0704

引 0705
發 0706
弦部
弦 0707
系部
孫 0708
孙 0708
繇 0709
由 0710重
糸部
糸 0711
紀 0712
絶 0713
級 0714
約 0715
縛 0716
紈 0717

終 0718
繒 0719
綺 0720
縑 0721
練 0722
繡 0723
絹 0724
緑 0725
縹 0726
緹 0727
繻 0728
組 0729
綸 0730
紟 0731
綔 0732
繩 0733
絮 0734

繫 0735
絈 0736
絪 0737
纚 0738
率部
率 0739
虫部
虫 0740
强 0741
䖵部
蠶 0742
[illegible] 0742
蚤 0743重
蟲部
蜚 0744重
風部
風 0745

二部
二 0746
亟 0747
凡 0748
土部
地 0749
堵 0750
封 0751
墨 0752
城 0753
坊 0754新
里部
里 0755
田部
田 0756
畍 0757
界 0757

當 0758
畱 0759
黃部
黃 0760
力部
力 0761
勳 0762
功 0763
勢 0764
劾 0765
金部
鏡 0766
銛 0767
錢 0768
鈒 0769
鑘 0770
劉 0770

鈍 0771
几部
處 0772重
且部
且 0773
斤部
所 0774
斗部
斗 0775
升 0776
車部
車 0777
輕 0778
輿 0779
軍 0780
輸 0781
𠂤部

官 0782
𨸏部
陵 0783
陰 0784
陽 0785
陳 0786
除 0787
四部
四 0788
三 0789重
五部
五 0790
六部
六 0791
七部
七 0792
九部

九 0793
内部
萬 0794
禹 0795
甲部
甲 0796
乙部
乙 0797
尤 0798
丙部
丙 0799
丁部
丁 0800
戊部
戊 0801
成 0802
己部

己 0803
庚部
庚 0804
辛部
辛 0805
壬部
壬 0806
癸部
癸 0807
子部
子 0808
季 0809
孟 0810
孤 0811
疑 0812
𠫓部
疏 0813

丑部
丑 0814
寅部
寅 0815
卯部
卯 0816
辰部
辰 0817
辱 0818
巳部
巳 0819
㠯 0820
以 0820
午部
午 0821
未部
未 0822

申部
申 0823
酉部
酉 0824
酋部
尊 0825重
戌部
戌 0826
亥部
亥 0827

分譜之九

武威漢簡字形譜

説明

一　本字形譜所收之字源自以下三書：中華書局二〇〇五年出版的《武威漢簡》（此書實是一九六四年文物出版社出版的《武威漢簡》的再版，不同之處僅是增加了「附録」，即陳夢家《武威漢簡補述》一文），甘肅文化出版社二〇二〇年出版的張德芳主編、田河著《武威漢簡集釋》，上海書畫出版社二〇二二年出版的張德芳、王立翔主編《武威漢簡書法》。後二者的圖版清晰度優於前者，但圖版不全，尚有缺簡。「武威漢簡」的主體是三個《儀禮》本子（甲本、乙本、丙本），共四百六十九枚簡，凡二萬七千二百九十八字。另收有少量雜簡及柩銘文字。《儀禮》文字書寫工整，是成熟隸書的代表作，爲了反映西漢晚期經書文字書寫面貌，故本字形譜入編文字的范圍不包括雜簡及柩銘文字。在選取入編字形時，首先選取《武威漢簡集釋》和《武威漢簡書法》中的字圖，若二書闕無，則選用《武威漢簡》中的字圖。

二　字頭共有單字九百九十一個（没有合文）。

三　辭例所標出處悉依《武威漢簡》。所注明的簡號如雙面均有字，在簡背者，則標以「背」字，如「1背」表示第一枚簡背面。對各篇簡稱如下：甲本《士相見之禮》簡稱「士相」，甲本《服傳》簡稱「甲服」，甲本《特牲》簡稱「特牲」，甲本《少牢》簡稱「少牢」，甲本《有司》簡稱「有司」，甲本

《燕禮》簡稱「燕禮」，甲本《泰射》簡稱「泰射」，乙本《服傳》簡稱「乙服」，丙本《喪服》簡稱「丙喪」。

單字

第一 一部——丵部

一部

0001 一

一

211

- 甲服 2 去五分～以爲帶
- 甲服 1 去五分～以爲帶
- 甲服 16 昆弟～體也
- 特牲 43 各～膚
- 特牲 53 膚～
- 少牢 10 正脊～
- 少牢 44 有進～刑于次饌
- 泰射 46 改取～个挾之

0002 天

天

16

- 甲服 20 ～子
- 少牢 33 使女受祿于～
- 甲服 23 妻之～也

上部

0003 重

上

231

士相 8 ~大夫相見

甲服 20 尊者尊統~

甲服 56 中從~

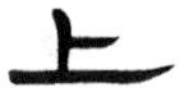
有司 17 宿札于俎~以降

特牲 53 北面西~

少牢 1 ~犢兼與筮執之

少牢 31 ~佐食

有司 3 北面東~

特牲 1 東面北~

0004

旁

4

乙服 10 ~尊也

甲服 15 ~尊也

0005 重

下

129

特牲 43 立于西階~

丙喪 33 ~尺

甲服 49 中從~

士相 8 ~大夫相見以鴈

甲服 1 左末在~

特牲 10 西堂~

示部

0006 示 示 2

特牲3 筮者執以~主人

少牢3 乃書卦于木~主人

0007 禮 禮 42

有司25 如尸~

有司38—39 如主人之~

泰射106 受者如初受州之~

士相3 某不足以習~

士相6 則~辭其摯

燕禮1背 燕~第十三

0008 禄 禄 1

少牢33 使女受~于天

0009 福 福 2

少牢33 承致多~無彊

少牢47 主人受祭之~

0010 齋 齋 8

乙服1—2 長各~（齊）其心

有司62 ~（嚌）之

有司70 ~（嚌）之

甲服2 長各~（齊）其心

泰射14 ~（嚌）之

0011 祭 祭 202

少牢6 請~期

特牲44 ~食

士相13 升席~

特牲44
～舉

少牢10
～肺三

有司65
尸兼祭于豆～

泰射14
遂～酒

少牢29
振～

有司18
坐絶～

0012

祀

1

甲服24
歲時使之～焉

0013

祖

71

丙喪24
族～父母

甲服20
及其始～之所自出

少牢2
皇～伯某

甲服7
爲～母

甲服25
～父母

甲服6
不繼～也

0014

祝

105

特牲5
～許若

特牲11—12
～延几于室中

特牲19
～侑

少牢21
～酌鄭

特牲30
獻～及佐食

特牲44
～曰

特牲51
～祖

特牲51
～祖

少牢22
祝～曰

少牢 23
～先入門右

少牢 34
～再于席上

有司 64
～與二佐食

0015
禁
禁
2

特牲 7
～在東序

特牲 47
於～

三部

0016
三
三
131

甲服 4
衰～升

士相 14
～辤

特牲 3
前期～日之朝

特牲 30
～獻作止爵

少牢 10
祭肺～

泰射 44
述比～偶

泰射 45
射～矦

泰射 51
上射降～等

泰射 51
～偶

泰射 92
北面箸～挾一个

甲服 13
父必～年然后娶

王部

0017 皇

皇

9

特牲 2
適其～祖其子

少牢 2
用薦歲事于～祖伯某

少牢 22
用薦歲事于～祖伯某

玉部

0018 瑑

1

泰射 106
洗～（象）柧

泰射 83
洗～（象）柧

0019 瓌

2

泰射 92
且左～（還）

0020 瓌

13

泰射 40
左～（還）

特牲 2
～（還）即席

泰射 59
且左～（還）

士部

0021 士

士

95

士相 1
～相見之禮

有司 33
司～

有司 52
司～

有司4
司～

少牢14
司～

甲服20
都邑之～

少牢13
～浣

丨部

0022

中

86

特牲1
席于門～

甲服37
～殤

特牲11
陳于房～

特牲13
主婦浣于房～

有司28
房～

甲服53
有死宮～者

特牲50
于房～西庸下

士相11—12
～視袍

屮部

0023

每

3

泰射59
～（毋）周

泰射92
～（毋）周

0024

熏

1

特牲48
～（纁）裏

艸部

0025

荅

38

有司7
與或皆北面～拜

士相9
～壹拜

有司8
～拜

有司24
尸西楹西北面～拜

有司27
尸西楹西～拜

燕禮49
主人～拜

0026

葵

4

特牲13
～菹

特牲48
夏～

少牢19
執～菹

少牢19
～菹在北

0027

菁

7

泰射50
舉～（旌）以宮

泰射46
執～（旌）負矦

泰射73
以～（旌）負矦

0028

茅

2

泰射74
矢皆異束之以～

士相16
草～之臣

編號	字頭	篆文	數	字形一	出處一	字形二	出處二	字形三	出處三
0029	菅		6		甲服4 ～屨者		甲服4 ～菲也		甲服1 ～屨者
0030	葛		10		乙服36 緦冠～		燕禮31 ～勝		甲服40 受以小功衰～
0031	蕈		2		甲服4 寢～（苫）枕塊				
0032	芼		3		特牲48 刑～		特牲15 刑～		
0033	薄		1		少牢22 ～（普）淖				
0034	藉		1		特牲11 ～用雚				
0035	葢		7		盖 少牢20 有～		特牲47 ～在南		甲服37—38 ～弗成也
0036	菹		33		有司8 ～酭		特牲23 執～醢		有司21 右取～

0037 若　62

- 少牢 19　韭～
- 特牲 17　右取～
- 甲服 24　～是
- 特牲 5　祝許～（諾）
- 特牲 43　許～（諾）
- 有司 61　～不賓尸
- 泰射 5　～絺
- 少牢 45　～是以辨

0038 苴　9

- 甲服 1　～經
- 甲服 1　～經大鬲
- 乙服 1　～杖

0039 蕉　1

- 燕禮 31　雖～（巢）

0040 重 折　24

- 甲服 59　子～枅首以枅=
- 甲服 60　～枅首者
- 特牲 52　縠～
- 特牲 52　縠～
- 泰射 19　諸子執～相
- 少牢 36　～一膚

0041	0042	0043	0044	0045 新	0046	0047
苟	菲	葆	草	薌	⿱艹示	茖

1	6	1	2	5	1	2
 燕禮 48 賓爲~敬	 甲服 4 菅~也	 少牢 47 胡壽~（保）建家室	 士相 16 刺~之臣	 少牢 22 尚~（饗）	 燕禮 31 采~（蘩）	 丙喪 25 姑之子~（舅）
	 乙服 2 菅~也			 少牢 2 尚~（饗）		
	 特牲 46 几~（厞）用延					

茻部

0048

葬

5

乙服36　皆既～除之

塟　甲服57　皆既～除之

丙喪18　溉～除之者

第二 小部——冊部

小部

0049 小 110

- 泰射109 獻左右正與內~臣
- 甲服33 ~功者
- 甲服2 ~功之經
- 甲服52 爲庶母何以服~功
- 丙喪22 ~功布衰常
- 丙喪30 ~功衰
- 甲服22 曰~宗
- 甲服33 則~君也
- 甲服50 ~功布衰常
- 泰射99 ~臣
- 泰射68 ~射正奉決拾以笥
- 乙服1 ~功之經

0050 少 23

- 少牢1 ~牢餽食之禮
- 特牲6 陳鼎于~外
- 泰射9 賓~進
- 泰射37 ~阼
- 泰射51 下射~右
- 少牢2背 ~牢

八部

0051 八

16

泰射65 有取中之~筭

甲服38 十一至~歲爲下殤

甲服1背 第~

0052 分

15

甲服16 然而有~者

甲服1 去五~一以爲帶

特牲43 佐食~軌刑

甲服2 去五~一以爲帶

甲服2 去五~一以爲帶

0053 曾

10

乙服20 ~祖父母

丙喪10 ~祖父母

甲服35 ~祖父母

0054 尚

7

王杖1 ~書令

特牲2 ~饗

少牢3 ~薌

0055 公

194

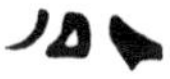

甲服8 ~卿

特牲53 ~有司

燕禮4 ~降

燕禮4 ~曰

燕禮51 凡~所州

甲服26 ~妾

0056 必

必 7

甲服31 寄～者何也

甲服57 ～子爲其母

燕禮20 ～坐鄭觶

泰射20 ～合拜

泰射1 射人戒諸～卿

燕禮5 ～揖卿大夫

士相10 ～辯君之南面

甲服13 父～三年然后娶

甲服22 ～歸宗

甲服24 ～嘗同居

半部

0057 半

半 6

甲服53 十五升陶其～

丙喪34 繐衰四升有～

甲服59 十五升陶其～

牛部

0058 牛

牛 1

少牢33 ～（眉）壽萬年

0059 牡

19

- 甲服 31　～麻絰
- 甲服 12　～麻絰
- 甲服 40　～麻絰
- 甲服 37　～麻絰
- 丙喪 11　～麻絰
- 丙喪 4　～麻絰

0060 特

3

- 特牲 1　～牲餽食之禮
- 特牲 47　～牲餽食

0061 犢

5

- 少牢 1　右緐上～（犢）
- 少牢 3　乃舍～（犢）

0062 牲

10

- 特牲 13　及佐食舉～鼎
- 特牲 2 背　特～
- 特牲 47　特～餽食
- 特牲 7　～在其西

0063 牢

19

- 少牢 1　少～餽食之禮
- 少牢 35　～衡脊
- 有司 79　～〈室〉中之送
- 少牢 15　佐食上私升～心舌

0064

物

15

泰射 45
當～北面揖

燕禮 52
上退于～一等

泰射 48
立兮～閒

告部

0065

告

50

特牲 19
～飽

少牢 5
祝～

士相 12
以食具～

特牲 17
～指

特牲 38
宗人～祭升

有司 17
～指

口部

0066

嚌

20

特牲 23
～之

少牢 30
～之

少牢 28
～之

嚌　有司 11
～肺一

有司 38
～之

特牲 19
～之

0067

吹

3

士相 12
君子～（欠）申

甲服 4
～（歡）粥

0068
名
13

甲服 17 以～服也

甲服 50 以～加也

甲服 54 以～服也

0069
吾
11

士相 1 請～子之就家

甲服 55 ～之甥

特牲 6 ～子將泣之

0070
君
134

甲服 26 則小～也

士相 12 凡侍坐於～子

士相 9 見于～

士相 13 則～祭

甲服 7 近臣～服斯服矣

燕禮 51 ～與射

燕禮 46 ～〓之私也

士相 11 與～言

0071
命
139

丙喪 31 弔於～婦

丙喪 8 爲大夫～婦者

甲服 10 ～子

少牢 42 祝～佐食

士相 4 請還摯於將～者

少牢 32 尸執以～祝

士相 1 某子以命～某見

燕禮 47 敢拜賜～

特牲 26 ～送如初

0072 召
2

- 燕禮 31 ～南

0073 問
6

- 乙服 8 ～者
- 甲服 12 ～者
- 士相 12 ～曰之蚤宴

0074 唯
19

- 燕禮 50 ～公與賓有相
- 泰射 100 ～公所賜
- 燕禮 30 ～所賜
- 甲服 27 ～子不報
- 燕禮 43 ～受于公者拜

0075 吉
12

- 少牢 5 ～則乃遂宿尸
- 甲服 60 折～枅之首也
- 少牢 4 若不～

0076 周
4

- 泰射 92 每～
- 泰射 59 每～

0077 吃
2

- 泰射 15 樂～（闕）

0078 啐
22

- 特牲 24 ～酒
- 少牢 35 ～酒
- 特牲 26 ～酒

有司 76 ～酒

有司 17 坐～酒

有司 31 坐～酒

0079
各

11

甲服 2 長～齋其心

特牲 41 ～酌于其尊

甲服 12 帶緣～視其冠

0080
呫

1

士相 13 ～（偏）嘗膳

哭部

0081
哭

11

甲服 39 未命則弗～也

甲服 4 ～晝夜無時

甲服 59 卒～

0082
喪

9

甲服 37 ～成人者

乙服 7 死～之三年

甲服 11 死～之三年如母

走部

0083
走

5

士相 2 某將～見

士相 1 某將～見

0084 **趨**

2

泰射48 以宮～

0085 **越**

1

泰射36 汙～

止部

0086 **止**

10

有司59 爵～

特牲27 爵～

特牲36 爵～

0087 **歬**

31

前 少牢41 鄭爵于其延～

泰射13 延～獻賓

士相16 擧～肆踵

特牲33 西階～北面州賓

特牲38 作階～北面

0088 **歸**

9

甲服22 必～宗

甲服17 有餘則～之宗

有司61 司士～尸

步部

0089 步

2

泰射85　一~

泰射86　左个之西北三~

0090 歲

10

少牢1—2　用薦~事于皇祖伯

甲服24　~時使之祀焉

少牢2　用薦~事于皇祖伯某

少牢22　用薦~事于皇祖伯

此部

0091 此

6

特牲4　詛~某事

甲服45—46　~自卑別於尊者也

特牲2　詛~某事

正部

0092 正

86

有司10　~膌一

士相10　則~方

有司10　~脇一

0093 乏

7

特牲 51 ～脊二骨

少牢 9 ～脊一

泰射 9 泰射～擯

泰射 35 僕人～徒相大師

燕禮 31 樂～

泰射 49 適～

泰射 2 執～各去其矦

泰射 87 執于～少南

是部

0094 是

26

少牢 2 以其肥肥某～（氏）

少牢 5 某～（氏）

有司 50 如～以辨

士相 12 終皆如～

甲服 46 則世=祖～人也

辵部

0095 辻

2

徙 泰射 35 僕人正～相大師

0096
述
41

泰射 20 ～（遂）卒爵

泰射 38 擯者～（遂）爲司正

泰射 46 ～（遂）取符箸之

泰射 40 但決～（遂）

泰射 46 ～（遂）適堂西

泰射 21 ～（遂）飲

0097
適
102

甲服 18 ～孫

甲服 21 女子子～人者

特牲 26 主婦～房

泰射 41 述～西階前

泰射 62 ～作階下

泰射 75 司射～階西

泰射 82 ～西階上

泰射 98 ～次

0098
過
4

燕禮 50—51 不～二等

乙服 26 不得～大功

0099
進
43

特牲 37 ～受肝

少牢 30 ～末

泰射 9 皆少～

泰射 55 司馬正～坐

泰射 96 澤獲者執餘獲～告

泰射 110 執膳爵者酌以～公

0100 迎  6

士相 3 出～再拜

燕禮 52 則對君而～

特牲 16 祝～尸于門外

0101 遷  1

少牢 16 佐食～甄柤

0102 還  8

燕禮 33—34 左～

特牲 3 筮者～

士相 7 使某～摯

0103 選  16

特牲 43 ～（養）有以也

特牲 43 兩～（養）鄭舉于柤

特牲 44 上～（養）

燕禮 1 官～（饌）

甲服 20 父母何～（算）焉

0104 送  53

士相 4 主人～

士相 14 君如降～之

特牲 6 賓拜～

有司 8 東楹東北面拜～爵

少牢 37 西面拜～爵

泰射 33 再拜稽首～觶

0105 遺  3

特牲 43 宗人～舉鄭

少牢 15 宗人～賓就主人

0106 達 (2)

- 甲服13 ~子之志也

0107 遂 (47)

- 甲服27 爲其子得~也
- 士相14 ~出
- 特牲15 ~命佐食
- 少牢32 ~啐酒
- 少牢41 ~飲

0108 近 (2)

- 甲服7 ~臣君服斯服矣

0109 遠 (2)

- 特牲3 則筮~日

0110 道 (20)

- 甲服22 無專用~之行
- 甲服24 則繼父之~也
- 甲服35 言其以~去君
- 甲服42 其夫屬乎子~者
- 泰射66 祿僕人騷矦~

0111 邊 (23)

- 邊 少牢8 ~（籩）勺
- 特牲27 ~（籩）燔從
- 特牲11 ~（籩）刑

特牲 25 宗婦執兩～

有司 25 祭豆～（籩）

有司 9 取～（籩）于房

彳部

0112 復

54

特牲 9 皆～外位

特牲 34—35 ～位

士相 4 ～見之

特牲 14 入～位

泰射 66 司馬～（反）位

泰射 71 ～位

0113 微

1

特牲 48 若～（薇）

0114 徐

6

泰射 24 則～（序）

少牢 20 ～（序）升自西階

泰射 23 ～（序）進

0115 待

1

泰射 95 賓～于物如初

0116 假

1

少牢 2 ～（假）女大筮有常

辵部

字頭	編號	數量	出處	辭例
退	0117 重	43	特牲5	主人～
			士相4	賓反見～
			少牢3	乃～占
			泰射71	太射正～
			泰射68	臣正～卮于東堂
後	0118	55	泰射61	～者
			士相13	然～食授
			士相14	而～授虛爵
			泰射36	～者徒相入
			甲服21	適子不得～大宗
得	0119	36	士相2	不～命
			士相3	不～命
			甲服21	適子不～後大宗
			燕禮47	不～命
			甲服27	～體君
御	0120	8	泰射44	其～於子
			泰射57—58	某～於子
			泰射55	命賓～于公

0121 建

5

泰射 4 一～鼓在其南

泰射 4 簜在～鼓之閒

㢟部

0122 延

55

特牲 17 ～（筵）坐

特牲 23 ～（筵）祝南面

少牢 13 ～（筵）上

少牢 41 于其～（筵）前

有司 19 尸降～（筵）

有司 6 于～（筵）上

行部

0123 行

11

甲服 22 專用道之～

燕禮 42 酌～之

少牢 6 旦明～事

0124 術

1

少牢 2 遂～（述）

齒部

0125

齒

2

特牲50
於旅～於兄弟

足部

0126

足

13

士相2
不～以辱命

泰射48
合～而䢂

甲服17
不～則資於宗

甲服16
故父子首～也

0127

踐

1

士相7
不足以～禮

0128

踵

1

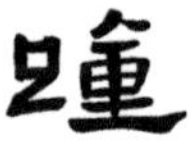

士相16
舉前肆～

冊部

0129

嗣

2

特牲 36

～舉鄭

第三　㗊部——用部

㗊部

0130 囂

囂

1

泰射 114
公入～（驁）

0131 器

器

2

器　泰射 41
命有司納射～

泰射 41
射～皆入

舌部

0132 舌

舌

4

少牢 15
佐食上私升牢心～

特牲 49
～摵柤

干部

0133 干

干

1

有司 62
乃擴～魚

㕯部

0134

商

2

泰射49
有若以～

句部

0135

句

1

泰射41
右鉅指～（鉤）弦

古部

0136

古

1

乙服6
～（沽）功也

十部

0137

十

40

特牲1背
第～

有司1背
第～二

丙喪34
若～一升

士相16
凡千二~字

甲服38
年~九

0138
丈

5

丙喪9
~夫

甲服31
~人

0139
千

8

少牢47
凡二~九百五十四

特牲53
凡三~四百卌字

泰射114
凡六~八百五十八

0140
博

2

丙喪33
~四寸

丙喪33
~四寸

0141
卌

1

特牲53
凡三千四百~字

冊部

0142
世

20

甲服15
~父

丙喪5
~【父】母

甲服42
~父母

甲服44
~父母

甲服46
則~〓祖是人也

言部

0143 言 38

士相 11 復傳～

甲服 28 故不～報

甲服 60 何以～子折枅首

甲服 35 ～其以道去君

0144 請 45

士相 4 ～還摯於將命者

燕禮 5 ～執幕者

泰射 9 賓者～賓

士相 15 爵者～見之

少牢 6 ～祭期

泰射 102 ～〈諸〉子正徹公相

0145 許 25

泰射 38 公～

特牲 50 佐食～若

泰射 61 負矦～若如初

泰射 44 大史～若

泰射 53 負矦～若

少牢 5 尸拜～

0146 諾 2

燕禮 33 ～敢不安

0147 諸

59

燕禮 5
～公卿者

泰射 14
～（庶）子

泰射 59
兼～符

甲服 20
～侯

甲服 45
不得祖～侯

0148 詩

2

泰射 45
～（誘）射

0149 論

1

少牢 10
雍人～（倫）膚九

0150 信

2

士相 11
言忠～慈瑒

0151 詔

2

泰射 9
小臣師～揖諸公

0152 説

1

燕禮 35
皆～屨

0153 設

41

少牢 20
～俎

少牢 8
～洗于作階東南

少牢 11
司宫～雷水于洗東

設

有司 10　~于初邊之南

有司 24　司宮~席于東序

0154 護 16

泰射 6　~（獲）者

泰射 87　~（獲）者

泰射 87　~（獲）者

泰射 109　皆~（獲）

泰射 85　~（獲）者

0155 記 1

燕禮 53　~三百三文

0156 詛 3

特牲 1　不~（諏）日

特牲 2　~（諏）此某事

0157 詐 4

特牲 30　尸卒爵~（酢）

特牲 45　~（酢）主人

0158 讓 2

特牲 31　揖~升

0159 詘 2

乙服 8　~（屈）也

甲服 12　~（屈）也

言部

0160 新
誌

1

泰射 61
後者取～（誘）射之矢

0161
詑
1

士相 16
～（宅）者

0162
謪
1

士相 11
言忠信慈～（詳）

誩部

0163 重
善

2

燕禮 1
～（膳）宰

䇂部

0164
童

6

乙服 2
～子何以不杖也

甲服 58
～子雖當室

乙服 36
～子不當室

0165
妾

38

甲服 7
～爲君

甲服 30
公～以及士妾

甲服 10
妾之毋子者

甲服26　~爲女君

甲服44　~爲君

甲服44　大夫之~

丵部

0166
對

39

士相2　主人~曰

有司23　興~

少牢43　司宫設~席

特牲42—43　延~席

有司8　尸~

士相8　擯者~曰

0167 重
對

7

燕禮7　興~

燕禮35　~曰

燕禮52　相者~曰

菐部

0168
僕

7

泰射35　~人

泰射66　~人

泰射81　~人

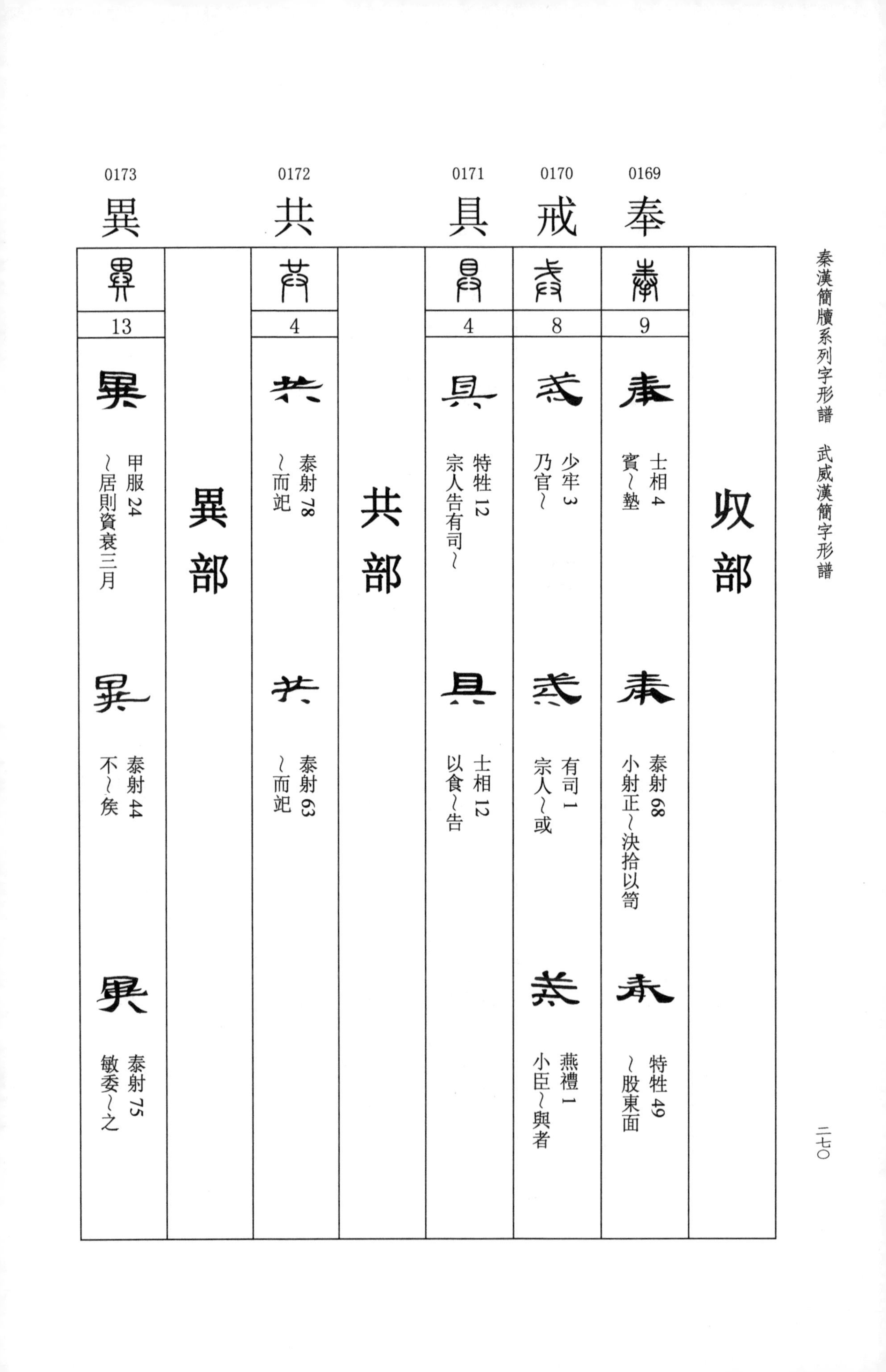

収部

0169 奉 9

- 士相 4　賓～摯
- 泰射 68　小射正～決拾以笥
- 特牲 49　～股東面

0170 戒 8

- 少牢 3　乃官～
- 有司 1　宗人～或
- 燕禮 1　小臣～與者

0171 具 4

- 特牲 12　宗人告有司～
- 士相 12　以食～告

共部

0172 共 4

- 泰射 78　～而㠯
- 泰射 63　～而㠯

異部

0173 異 13

- 甲服 24　～居則資衰三月
- 泰射 44　不～矦
- 泰射 75　敏委～之

舁部

0174

與

104

甲服51 以爲相～居室中

特牲50 獻～旅齒於衆賓

甲服50 獻～旅齒於衆賓

士相11 ～君言

燕禮49 ～大夫

泰射51 ～升射者相左

0175

興

62

有司18 ～取肺

有司18 ～反于俎

有司18 尸坐執爵以～

有司16 尸～左執爵

有司9 ～取邊于房

有司10 白西方～退

爨部

0176

爨

12

爨 特牲51 而祭飽～

特牲48 飽～在西辟

爨 特牲48 牲～

革部

0177 革

革

1

少牢18

～順

鬲部

0178 鬲

鬲

2

乙服1

苴絰大～（搹）

䰜部

0179 鬻

鬻

2

粥　甲服4

吹～

0180重 羹

羹

3

特牲9

～念

特牲10

～念

爪部

0181

爲

297

特牲 5
筮子～尸

少牢 6
反～期于廟門之外

丙喪 30
凡妾～私兄弟

甲服 52
～庶母

泰射 76
一筭～奇

甲服 11
母～長子

丮部

0182

孰

3

甲服 19
～後也

甲服 32
～胄也

0183

执

60

特牲 14
～（設）于作階西

少牢 12
～（設）匪于洗西

泰射 53
北面命～（設）楅

有司 79
祝～（執）其俎以出

少牢 43
降～（設）于堂下

又部

0184

又

4

士相 1
吾子～（有）辱

有司 21
～取禮

0185 右

99

- 士相 4　入門～
- 特牲 14　～人陶扃
- 特牲 13　賓長在～
- 少牢 18　～首
- 特牲 11　在門内之～

0186 父

165

- 甲服 7　妻之～母
- 甲服 17　～之所不降
- 甲服 20　～母何選焉
- 甲服 21　爲～何以基也
- 甲服 30　士妾爲其～母
- 甲服 35　曾祖～母爲士者
- 甲服 35　未嫁者爲曾祖～母
- 士相 12　如～

0187 及

65

- 泰射 11　賓～庭
- 特牲 13　～賓涚
- 特牲 13　～執事
- 特牲 13　佐食～執事
- 泰射 16　～階
- 甲服 30　妾以～士妾

0188 反

94

- 有司 26　～加于汁俎
- 少牢 16　西摵乃～
- 泰射 13　有～之

（反）
泰射 10 擯者～命
特牲 3 ～之
有司 18 ～于俎

0189 叔
21
甲服 17 ～母
甲服 27 ～父母
甲服 49 ～父之下殤

0190 取
118
士相 14 坐～屨
特牲 2 筮人～筮
有司 8 主人坐～爵
特牲 44 ～舉
泰射 64 坐～中之八筭
有司 9 ～籩于房
有司 14 右～韭俎
少牢 44 ～舉

0191 友
1
丙喪 29 崩～

0192 度
2
泰射 42 ～尺而午

𠂇部

0193 卑 6

- 乙服27 此自～別於卑者也
- 甲服20 ～者尊統下
- 甲服46 此自尊別於～者也

史部

0194 史 15

- 少牢2 ～曰
- 少牢3 則～櫝筮
- 泰射44 大～許若

0195 事 36

- 士相11 言～君
- 甲服59 無～其縷
- 甲服53 無～其布
- 特牲13 佐食及執～浣
- 少牢6 旦明行～
- 特牲9 告～畢

攴部

0196 攴 4

- 甲服21 故族以～子後大宗
- 甲服6 ～子可

聿部

0197 重

肆

肆

2

少牢 12
南～（肆）

聿部

0198

書

書

1

少牢 3
乃～卦于木

畫部

0199

畫

畫

2

甲服 4
哭～夜無時

乙服 2
哭～夜無時

隶部

0200

隸

隸

2

䅖　泰射 66
～僕人騷矦道

肆　泰射85
東～（肆）

臣部

0201 臣

89

甲服8
其餘皆眾～也

甲服8
眾～者何也

士相6
如當爲～者

特牲53
私～

泰射6
小～執公席

泰射8
小～阼

殳部

0202 段

3

乙服2
～（鍛）而勿灰

甲服4
～（鍛）而勿灰

0203 殺

1

特牲53
皆～升

殺部

0204
殺

1

特牲 10
視則～

寸部

0205
寸

9

甲服 8
～箸枅長尺

丙喪 33
廣出於適～

丙喪 33
博四～

0206
寺

2

泰射 24
～（待）于洗南

0207
將

15

士相 1
某～走見

甲服 6
～所傳重也

士相 5
請還摯於～命者

0208
專

2

甲服 22
無～用道之行

攴部

0209
啟

1

特牲 15
佐食～楅

0210 徹

21

有司 1
有司～

特牲 48
即位而～之

特牲 45
佐食～尸薦

銜 有司 79
歸入乃～

0211 敏

2

泰射 64
～（每）一個

泰射 75
～（每）委異之

0212 故

28

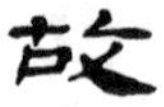

甲服 10
～孝子弗敢殊也

甲服 22
～服基也

甲服 16
～有東宮

甲服 46
是～始封之君

0213 政

8

泰射 103
司～（正）

泰射 104
乃薦司～（正）

泰射 71
司～（正）

0214 數

4

[illegible] 泰射 75
先～右獲

泰射 42
兩楹之閒踈～容弓

0215 改

7

士相 12
～居

泰射 64
～實八筭

少牢 12
～選豆

0216 更

（篆）更 8

泰射 28 ～𦨶

燕禮 20 則弗～（易）不洗

泰射 19 ～爵洗

0217 斂

（篆）斂 2

泰射 76 兼～筭

0218 敦

（篆）敦 18

特牲 7 兩～在西堂

少牢 21 婦贊者執～稷

特牲 45 相～

0219 收

（篆）收 2

甲服 21 ～族者也

乙服 13 ～族者也

教部

0220 重 學

（篆）學 3

甲服 20 大夫及～士

乙服 13 大夫及～士

卜部

0221 卦

（篆）卦 5

特牲 23 ～（挂）于季指

特牲 3 寫～

0222
占
6

特牲5
～曰吉

特牲3
長～

少牢3
乃退～

用部

0223
用
22

特牲46
几菲～延

士相1
冬～雉

特牲48
暮～却

0224
庸
1

特牲50
西～（墉）下

第四　目部——角部

目部

0225 目

目　1

- 士相 12　則游～

0226 睢

睢　1

- 燕禮 31　闕～

0227 相

相　31

- 士相 1　士～見之禮
- 乙服 35　～與同室
- 泰射 49—50　～左

自部

0228 自

自　64

- 特牲 9　宗人升～西階
- 甲服 46　此～卑別於尊者也
- 有司 8　主婦～東房薦韭
- 有司 3　主人先升～阼階
- 有司 21　或升延～北方
- 少牢 18　升～西階

白部

0229 皆

180

- 士相 12　終～如是
- 少牢 10　～二骨以竝
- 泰射 5　～玄
- 特牲 30　從獻～如主人
- 特牲 42　弟子～復其位
- 有司 42　～右之
- 少牢 16　～初爲之于㸑
- 泰射 103　～反坐
- 有司 14　～加膴祭于其上

0230 者

462

- 士相 5　固以請於將命～
- 有司 9　婦贊～執昌
- 甲服 40　九月～
- 泰射 9　擯～請賓
- 甲服 28　其婦人爲大夫妻～也
- 泰射 98　衆射～
- 甲服 21　女子子適人～
- 泰射 10　擯～反命

0231 百

8

- 泰射 114　六千八～五十八字
- 王杖 4　～姓望見
- 丙喪 34　凡千四～七十二

習部

0232 習

1

士相 3
某不足以～禮

羽部

0233 羽

3

泰射 59
順～

泰射 92
順～

隹部

0234 雉

2

士相 1
冬用～

士相 8
如執～

0235 離

6

特牲 51
～肺一

特牲 53
～肺一

泰射 63
中～維剛

0236 雝

11

雍 少牢 14
～府

特牲 51
～爨

少牢 10
～人論膚九

少牢 13 ～正

隹部

0237 藋 1

特牲 11 藉用～（萑）

0238 舊 10

甲服 32 爲～君者

甲服 33 長子爲～國君

羊部

0239 羊 55

有司 12 ～肉汁

少牢 7 司馬勎～

少牢 8 三鼎在～灌之西

少牢 9 司馬升～右辨

0240 羣 2

特牲 1 有司～執事

泰射 38 ～工伓于後

鳥部

0241
鵠
2

泰射2 參見～於竿

0242
鴈
1

士相8 下大夫相見以～

0243
鳴
2

燕禮50 鹿～

泰射36 鹿～

鳥部

0244 重
於
75

特牲50 於旅齒～兄弟

士相7 還其摯～門外

士相4 請還摯～將命者

泰射58 御～子

少牢6 比～子

甲服35 其嫁～大夫者

0245 重
䧿
1

燕禮31 ～（鵲）蕉

0246

焉

19

特牲33
主人備合拜～

甲服15
不足以加尊～

甲服56
則生緦之親～

華部

0247

畢

4

特牲46
宗人告事～

特牲3
宗人告事～

冓部

0248

再

84

泰射11
賓右北面至～拜

少牢34
祝～于席上

燕禮6
賓合～拜

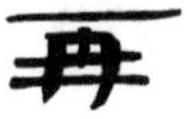

士相9
～拜稽首

特牲36
北面～拜稽首

少牢22
主人有～拜

幺部

0249

幼

4

士相11
與～者言

甲服23
子～

玄部

0250

玄

7

特牲1　主人冠端～

少牢11　廡有～酒

特牲47　～冠

予部

0251

舒

1

羜　士相16　～戒舉前肆踵

受部

0252

受

257

甲服6　～重者

少牢34　宰夫以籩～嗇黍

特牲2　東面～命于主人

甲服40　～以小功衰

少牢21　主婦興～

泰射103　拜～觚

0253 重

骰

72

敢　士相3　不～見

甲服14　不～服其私親也

甲服57　子不～不服也

甲服53
不~服其私親也

泰射39
~不安

歺部

0254
殊

2

甲服10
故孝子弗敢~也

0255
殤

67

甲服37
殤中~

甲服38
年十九至十六爲長~

甲服56
资衰之~

甲服49
昆弟之長~

丙喪24
昆弟之長~

死部

0256
死

13

甲服11
~喪之三年如母

甲服22
夫~從子

甲服23
夫~

冎部

0257
別

4

甲服46 此自卑～於尊者也

甲服46 此自尊～於卑者也

乙服27 此自卑～於【尊者】

骨部

0258
骨

9

特牲51 正脊二～

少牢10 皆二～以骿

少牢9 皆二～以骿

特牲52 二～

肉部

0259
肉

6

有司10 羊～汁

有司12 羊～汁

燕禮52 則～祖

0260 重
膚

25

特牲51 ～三

特牲43 各一～

少牢14 ～爲下

有司11 ～五

有司13 ～三

有司13 ～一

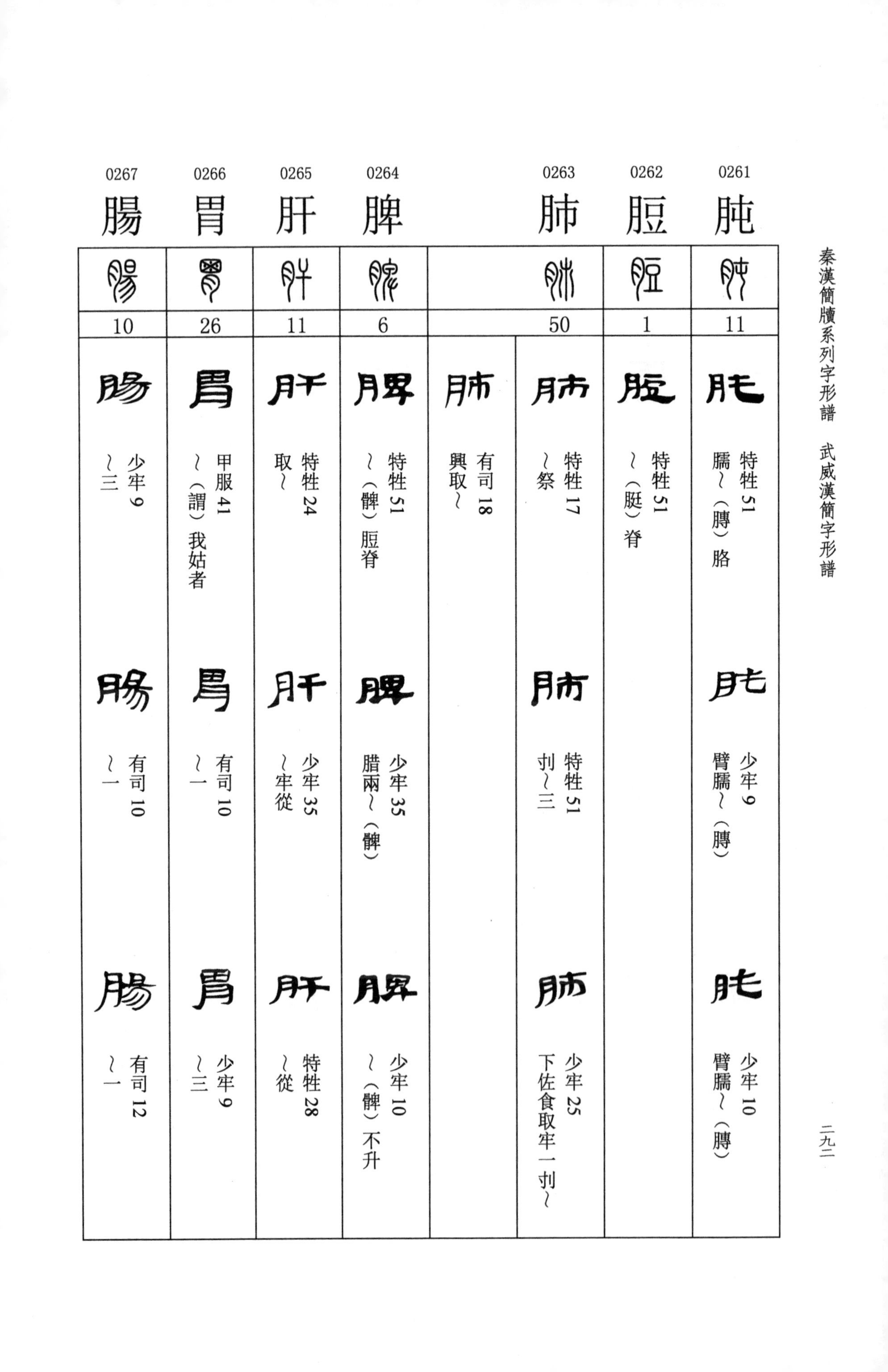

0261 肫	0262 脰	0263 肺		0264 脾	0265 肝	0266 胃	0267 腸
11	1	50		6	11	26	10
特牲51 臑～（膊）胳	特牲51 ～（脡）脊	特牲17 ～祭	有司18 興取～	特牲51 ～（髀）脰脊	特牲24 取～	甲服41 ～（謂）我姑者	少牢9 ～三
少牢9 臂臑～（膊）		特牲51 刌～三		少牢35 腊兩～（髀）	少牢35 ～牢從	有司10 ～一	有司10 ～一
少牢10 臂臑～（膊）		少牢25 下佐食取牢一刌～		少牢10 ～（髀）不升	特牲28 ～從	少牢9 ～三	有司12 ～一

0268 膂

34

- 特牲 51　短～
- 少牢 10　短～一
- 少牢 9　正～一
- 少牢 9　伐～一
- 少牢 17　脊～肺肩在上
- 脇　有司 10　伐～一
- 有司 13　～一

0269 重 肩

13

- 少牢 18　～在上
- 少牢 16　～臂臑
- 有司 10　～辟

0270 胳

10

- 特牲 51　臑肫～（骼）
- 少牢 9　肫～（骼）
- 有司 11　肫～（骼）臑

0271 臂

9

- 特牲 51　右肩～
- 少牢 9　肩～臑
- 少牢 10　肩～臑
- 少牢 16　肩～臑

0272 臑

11

- 有司 10—11　～折
- 有司 13　羊左～
- 有司 10　肫胳～

	0273 腴	0274 胲	0275 膌	0276 脀	0277 膳	0278 胡
	1	1	12	7	29	1
少牢17 ~肫胳	少牢18 進~	燕禮45 秦~〈胲〉	有司10 衡~（脊）一	少牢36 其~亦設于階間	泰射4 ~尊兩甒在南	少牢47 ~壽葆建家室
特牲51 ~肫胳			有司12 正~（脊）一	少牢11 卒~	士相13 ~儀	
			有司11 正~（脊）一	燕禮27 無~	泰射107 升酌~	
					泰射106 升酌~	
					燕禮51 小~宰也	

0279 脯 22

有司 43 宰夫自東房薦～

燕禮 31 辨有～醢

泰射 14 宰胥薦～醢

特牲 31 薦～醢

0280 脩 8

脩 有司 30 ～在白西

有司 32 主婦羞臬～

有司 34 臬～

0281 膴 2

有司 14 皆加～祭于其上

有司 52 尸取～祭祭之

0282 胥 2

泰射 14 宰～薦脯醢

泰射 34 ～薦主人于洗北

0283 胾 2

少牢 27 上佐食羞～兩瓦豆

0284 散 27

特牲 47 一～

特牲 42 賓～于厓

散 燕禮 42 執～爵者

泰射 105 酌～

泰射 83 升酌～

編號	字頭	數	辭例
0285	肥	7	肥 少牢2 以其～（肥）肥某是；少牢3 以其～（妃）肥某是；少牢22 以其肥～（配）某是；少牢4 □～（配）某是
0286	肵	2	有司62 加于～；有司65 加于～
0287	脡	6	有司10 ～膌一；少牢16 ～脊一；有司61 ～脊
0288	⿰月曷	1	少牢22 剛～（鬣）
0289	⿰月豊	9	有司10 載右～（體）；少牢17 ～（體）其在于相；甲服14 尊者爲～（體）

刀部

編號	字頭	數	辭例
0290	削	7	甲服2 ～杖；乙服1 ～杖；乙服6 ～杖

0291

利

11

特牲 42　祝東面告～成

少牢 16　上～升羊

有司 76　～獻于昨

0292

初

74

特牲 44　如～義

泰射 100　如～

特牲 7—8　如～

特牲 5　宗人擯辭如～

泰射 106　受者如～受州之禮

0293

則

134

特牲 3　～筮遠日

士相 6　～禮辭其摯

少牢 5　～乃遂宿尸

士相 14　大夫～辭

甲服 16　～不成爲子

燕禮 48　～公使之于秦門內

甲服 51　～不敢不從服

甲服 53　然～何以服緦也

泰射 65　諸公卿～適次

0294

剛

4

少牢 22　～腸

泰射 99　退楅解～（綱）

0295

切

3

有司 12　～肺一

有司 12　～肺一

有司 43　～肺一

0296 刌

6

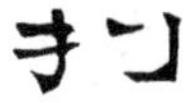

特牲51 ~肺三

少牢15 心皆安下~（切）上

少牢17 皆~（切）

0297 刻

1

特牲48 棘心枇~

0298 辨

31

甲服16 夫妻~（胖）合也

特牲33 相執于其位~（辯）

泰射34 ~（辯）獻大夫

少牢16 右~（胖）

有司49 皆如是以~（辯）

有司50 如是以~（辯）

0299 列

2

特牲11 二~

有司9 當外~

0300 割

2

少牢15 亦午~

0301 封

5

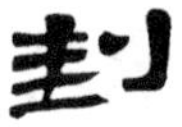

少牢5 ~（卦）占如初

少牢3 ~（卦）以木

[圭力] 少牢7 司馬~羊

0302 刺

1

剌 士相16 ～草之臣

0303 ⿰启刂

1

少牢13 乃～（啟）二尊之蓋幕

少牢22 佐食～（啟）會

0304 重 創

1

特牲48 午～之

刃部

角部

0305 角

15

特牲24 祝左執～

燕禮17 盥洗～觶

泰射39 ～觶

0306 觸

1

泰射63 陽～

0307 衡

20

衡 有司11 ～（横）膌一

有司10 ～（横）膌一

特牲52 ～（横）脊

0312 ⿰角支	0311 觚	0310 重 䚡		0309 觶	0308 解	
	𧤔 (篆)	䚡 (篆)		觶 (篆)	解 (篆)	
1	1	112		3	2	
 泰射40 坐取～（觶）	 特牲36 ～爲加爵	 泰射33 以虛～（觶）降  燕禮17 盥洗角～（觶）	 少牢8 爵柧～（觶）  特牲47 四～（觶）  有司41 主人實～（觶）	 有司41 主人壙～于匪  有司40 主人實～	 泰射100 量人～左下剛  泰射99 司馬正命退福～剛	 有司21 司馬～（横）執羊俎

第五　竹部——桀部

竹部

0313 竹	0314 簜	0315 等	0316 符

2	1	20	19

0313 竹

甲服 2
～也

0314 簜

泰射 4
～在建鼓之閒

0315 等

甲服 56
下殤降二～

甲服 26
與婦之事咎姑～

燕禮 52
上退于物一～〈笴〉

泰射 11
公降一～揖賓

泰射 105
公降一～

泰射 83
降一～

0316 符

泰射 52
箐～（扑）

泰射 55
倚～（扑）

泰射 46
述取～（扑）

泰射 87
去～（扑）

泰射 94
倚～（扑）于階西

0317 笓 29

少牢 6 ～尸

特牲 1 及～日

特牲 5 ～子爲尸

特牲 2 ～者許若

少牢 3 則史櫝～

0318 笄 5

丙喪 31 惡～有首以縱

丙喪 31 惡～有首

0319 笥 4

泰射 68 小射正奉決拾以～

泰射 69 以～退鄭于坫上

0320 竿 5

泰射 2 ～（干）不及地武

泰射 8 大史在～（干）矦之東北

0321 笙 2

泰射 3 其南～鍾

0322 簫 2

泰射 48 右執～

泰射 69 右執～

0323 管 4

泰射 38 ～新管

燕禮 50 下～新宮

0324 筭 [篆]

22

- 有司60 爵無～
- 燕禮44 無～樂
- 泰射63 實入～于中
- 泰射64 一～
- 泰射113 無～樂

0325 第 [篆]

11

- 有司1背 ～十二
- 士相1背 ～三
- 特牲1背 ～十

0326 簪

11

- 泰射5 綴諸～（箭）
- 甲服8 ～（箭）枅
- 泰射56 ～（搢）符

箕部

0327 重 其 [篆]

214

- 特牲45 祝執～相出
- 甲服29 不降～祖適也
- 甲服25 爲～無祭主也
- 甲服19 爲～父母
- 士相10 還～摯
- 有司5 覆二疏匕于～上
- 少牢20 豕惡～北
- 有司48 主人在～右
- 少牢2 以～肥肥某是

左部

0328 左

115

士相 1 ～桓奉之

有司 14 ～執爵

有司 12 ～肫

特牲 17 尸～執爵

泰射 96 ～右卒射

特牲 4 出門～

工部

0329 工

15

少牢 33 皇尸命～祝

泰射 35 小臣納～

泰射 37 眾～不拜

泰射 36 ～不興

曰部

0330 曰

133

士相 1 ～某也願見

少牢 2 史～

少牢 2 遂術～

（曰，續）

士相16 在野則～

少牢6 北面～

泰射108 若命～

甲服53 ～緦

燕禮52 相者對～

泰射95 樂正命大師～

0331 曷

3

甲服19 ～爲後大宗也

甲服29 大夫～爲不降命婦也

0332 朁

2

甲服7 ～（箭）枅

乙服4 ～（箭）枅

0333 曹

1

曺 燕禮1 當東～（霤）

乃部

0334 乃

73

特牲4 ～宿尸

少牢4 ～退

少牢43 ～四饌

特牲44 ～食

少牢45 ～皆食

有司41 ～羞

有司26 〜載之

泰射10 〜命執幕

可部

0335 可

16

特牲47 雜常〜也

士相12 請退〜也

甲服58 何如則〜胄兄弟

0336 奇

4

奇 泰射76 一筭爲〜

泰射76 〜則有摵諸純下

兮部

0337 乎

11

甲服42 其夫屬〜父道者

甲服44 從〜大夫而降也

甲服48 妾見〜天子

亏部

0338 亏

616

少牢19 怀設〜東

于　特牲 2　筮人取筮～西孰

特牲 1　即位～門外

有司 17　北面～東楹東

有司 12　載～一俎

有司 9　取籩～房

有司 18　反～俎

有司 22　立～西階西

有司 29　入～房

泰射 27　擯者告～公

泰射 33　鄭～匪

有司 29　主婦西面～主人

少牢 6　反爲期～廟門之外

有司 34　北面～阼階上

特牲 11　實～股中

旨部

0339

嘗

嘗 (篆)
9

士相 13　咕～膳

少牢 34　主人～之

有司 31　～上刑

壴部

0340 嘉

嘉

2

少牢 22
～薦

燕禮 31
南有～魚

鼓部

0341 鼓

鼓

8

泰射 4
一建～在西階之東

泰射 4
東～

泰射 95
不～不舍

豆部

0342 豆

豆

51

特牲 9
～籩

特牲 11
實～

有司 38
祭于～閒

特牲 31
祭～

少牢 20
羊在～東

少牢 45
進二～汁于兩下

0343 梪

梪

1

士相 1
左～（頭）奉之

豐部

0344 豐

12

泰射 78
司宮士奉～

泰射 42
擣～（豐）

泰射 81
坐鄭于～下

泰射 4
有～（豐）

虍部

0345 虞

1

甲服 4
既～

皿部

0346 盛

3

有司 61
乃～俎

特牲 11
～兩敦

0347 重 盍

11

特牲 13
～（醢）在北

泰射 30
脯～（醢）

泰射 14
宰胥薦脯～（醢）

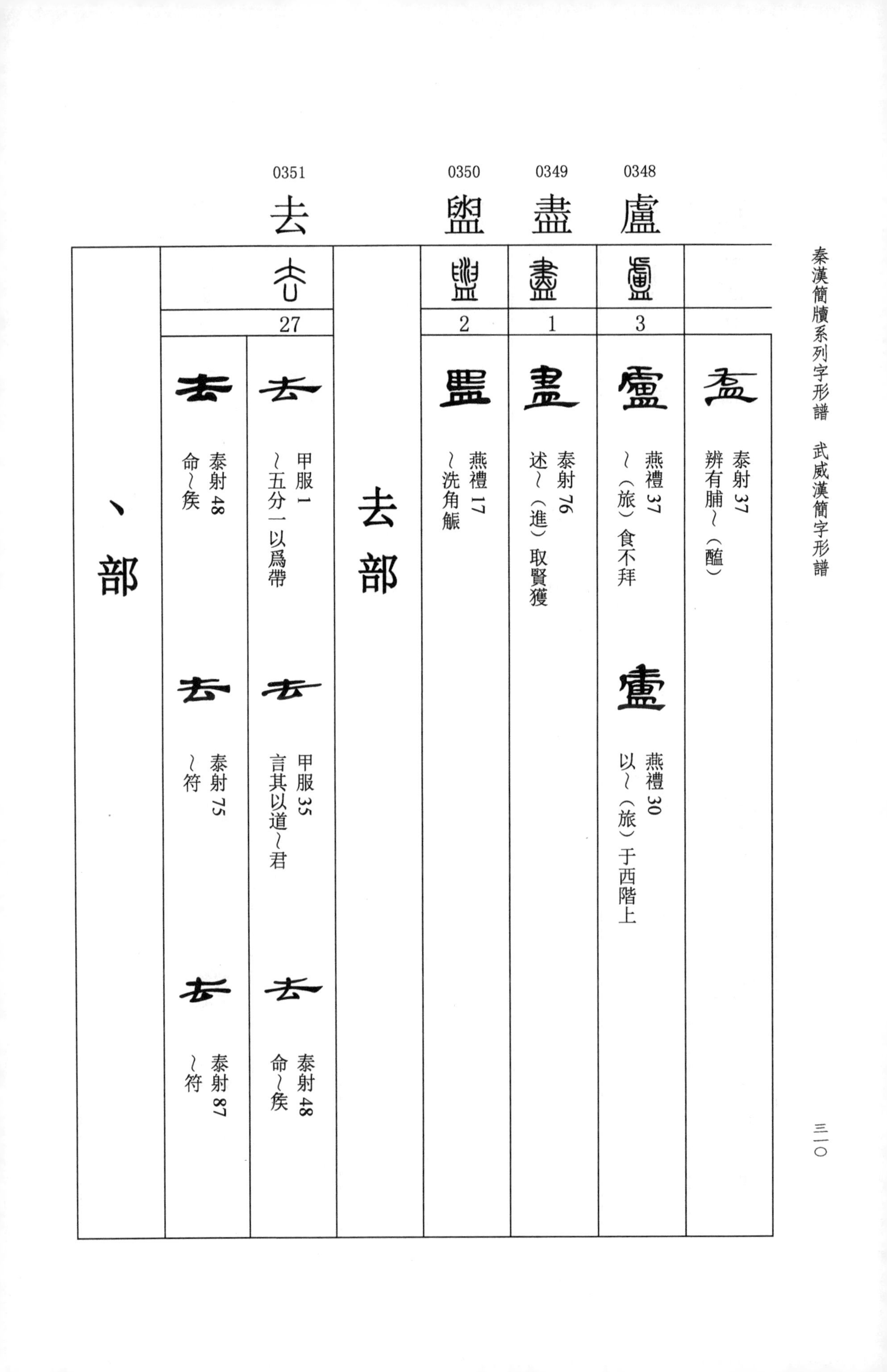

泰射37 辨有脯～（醢）

0348 盧 3

燕禮37 ～（旅）食不拜

燕禮30 以～（旅）于西階上

0349 盡 1

泰射76 述～（進）取賢獲

0350 盥 2

燕禮17 ～洗角觶

去部

0351 去 27

甲服1 ～五分一以爲帶

甲服35 言其以道～君

泰射48 命～矦

泰射48 命～矦

泰射75 ～符

泰射87 ～符

丶部

0352 主

467

- 有司 20　~人酌
- 少牢 19　~婦被錫
- 特牲 13　~婦浣于房
- 特牲 44　~人降洗爵
- 甲服 25　爲其無祭~也
- 特牲 16　~人再拜稽首
- 少牢 6　~人曰
- 少牢 39　~婦洗
- 有司 65　~婦興
- 甲服 3　儋~也
- 特牲 42　~人出
- 特牲 1　~人之南
- 少牢 21　~婦興受
- 特牲 44　~人升酌
- 士相 1　~人

丹部

0353 丹

1

- 泰射 42　若~

井部

0354 井

井 1

士相 16
市～之臣

0355 荆

荆 26

特牲 7
邊～（鉶）

特牲 11
邊～（鉶）

特牲 15
反兩刑～（鉶）

少牢 44
司土進下～（鉶）

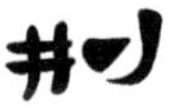

有司 30
扱羊～（鉶）

皀部

0356 即

即 21

甲服 7
不以～位

特牲 1
～位于門外

特牲 48
～位而徹之

少牢 12
～位于作階東

特牲 45
上選～坐

0357 既

既 29

少牢 6
～宿尸

士相 4
某～

泰射 70
公～發

既 甲服48 ~塈除之者

既 有司57 不拜~爵

既 有司49 不拜~爵

鬯部

0358

爵

爵（篆）

439

爵 士相14 ~而俟

爵 泰射14 鄭~于薦右

爵 特牲28 主人左執~

爵 有司57 執~興

爵 有司35 受~

爵 有司66 祝受尸~

爵 有司8 鄭~

爵 有司20 北面拜受~

爵 少牢8 勺~柧

爵 泰射15 卒~

爵 特牲28 左執~

爵 少牢45 主人洗一~

爵 少牢30 尸左執~

食部

0359 食

126

甲服 4 ~踈食

特牲 13 宗人遺佐~

少牢 16 佐~二人

特牲 44 祭~

少牢 31 上佐~

特牲 44 祭~

特牲 52 佐~相

有司 62 佐~取一相于堂下

0360 重 饌

6

甲服 44 于次~（簨）

少牢 43 乃四~（簨）

少牢 45 三拜~（簨）【者】

0361 養

2

甲服 10 則生~之

0362 飯

7

少牢 29 尸不~

士相 13 先~

有司 62 尸不~

0363 饗

2

特牲 2 尚~

特牲 4 尚~

0364	0365	0366	0367	0368	0369	0370	0371
飽	餘	餽	⿰飠巳	餺	⿰飠筭	⿰飠義	⿰飠選
7	20	4	1	1	2	1	3
特牲 19 告~	甲服 8 其~皆眾臣也	特牲 1 特牲~（饋）食之禮	特牲 10 主婦視~（饎）爨	泰射 5 西~（鑮）之南	少牢 44 三拜~（餕）者	少牢 7 甑~（甗）	少牢 47 上~（餕）與
特牲 48 ~（饎）爨	泰射 65 若有~筭	特牲 47 特牲~（饋）食			少牢 44 ~（餕）者鄭舉于俎		少牢 47 上~（餕）合拜
特牲 51 ~（饎）爨	甲服 43 先君之~尊之所厭						

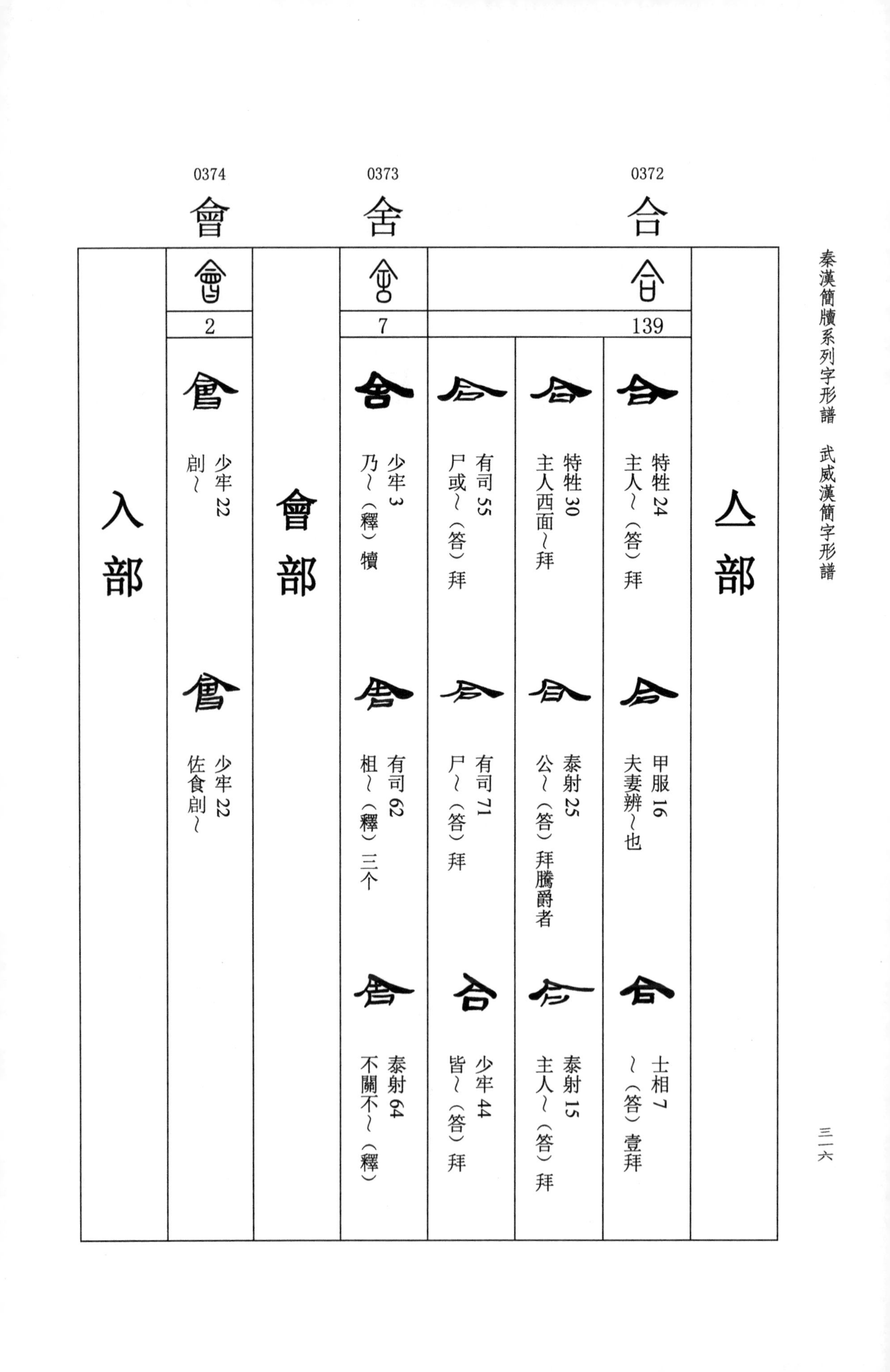

亼部

0372 合

139

特牲 24 主人~（答）拜

甲服 16 夫妻辨~也

士相 7 ~（答）壹拜

特牲 30 主人西面~拜

泰射 25 公~（答）拜賸爵者

泰射 15 主人~（答）拜

有司 55 尸或~（答）拜

有司 71 尸~（答）拜

少牢 44 皆~（答）拜

0373 舍

7

少牢 3 乃~（釋）犢

有司 62 相~（釋）三个

泰射 64 不闢不~（釋）

會部

0374 會

2

少牢 22 肩~

少牢 22 佐食肩~

入部

0375

入

71

士相4 ～門右

泰射8 大夫皆～門右

有司2 先～門右

泰射36 後者徒相～

少牢18 祝先～

特牲12 揖～

少牢13 鼎徐～

0376

内

32

特牲13 西面于户～

有司75 ～羞在右

少牢39 獻上佐食于户～

特牲53 ～賓

少牢36 佐食户～牖東

矢部

0377

矢

48

泰射42 賓之弓～與中

燕禮51 小臣以巾授～

泰射53 命取～

泰射65 取弓～于堂西

泰射73 命取～如初

泰射61 ～亦如之

0378 重 射

157

- 燕禮 4 ～人請賓
- 泰射 40 司～適次
- 泰射 50 毋～獲
- 泰射 72 眾皆繼～
- 泰射 45 ～三矦
- 泰射 72 升～
- 泰射 49 司馬出于下～之南
- 泰射 41 ～器皆入

0379 矦

39

- 泰射 2 各去其～
- 泰射 53 負其～而卮
- 泰射 61 負～許若
- 甲服 48 諸～
- 泰射 66 負其～而卮
- 泰射 44 不異～

0380 短

10

- 有司 10 ～脇一
- 少牢 10 ～脅一
- 特牲 51 ～脅
- 士相 9 左～（頭）

0381 知

10

- 甲服 20 知母而不～父
- 甲服 57 不及～父母
- 乙服 13 ～尊重矣

0382
矣

13

乙服13 知尊壐～

士相5 得見～

甲服20 則知尊壐～

冂部

0383
市

1

士相16 ～井之臣

京部

0384
就

36

有司28 或皆～延

燕禮6 公升～席

士相1 請吾子之～家

泰射93 卿升～席

少牢15 宗人遺賓～主人

亯部

0385 重
享

2

特牲10 ～（亨）于門外東方

燕禮48 ～（亨）于門

㐭部

0386重
稟

3

稟 少牢 7
~（稟）人

少牢 7
~（稟）爨在雍爨之北

嗇部

0387
嗇

2

特牲 23
主人寫~于房

少牢 34
宰夫以籩受~黍

來部

0388
來

7

少牢 2
~丁亥

特牲 2
筮~日某

少牢 4
~丁亥

夊部

0389
致

19

特牲 5
~命

有司 33
酌以~主人

特牲 29
~爵于主婦

致

有司76　獻祝～

0390

夏

𦟔

5

夏

士相1　～用居

夏

燕禮50　肆～

夏

特牲48　～葵

舛部

0391

舞

𣞤

1

舞

燕禮50　如～

弟部

0392

弟

弟

150

弟

士相11　言使～子

弟

甲服15　昆～之子

弟

甲服16　昆～一體也

弟

泰射78　勝者之～子洗觶

弟

有司48　兄～之長

弟

特牲39—40　兄～交錯以辨

桀部

0393

乘

10

泰射 61 兼～矢

泰射 45 將～矢

泰射 60 兼挾～矢

泰射 50 拾發以將～矢

木部

0394 木
2
少牢3 封以～
少牢3 乃書卦于～

0395 桃
2
有司16 二手執～匕枋扱汁
泰射4 ～〈鞉〉倚于容磬

0396 重 梓
1
泰射42 士與～人

0397 棫
1
特牲2 ～（閾）外

0398 椐
1
少牢17 長皆及柤～（拒）

0399 枇
3
特牲14 加～（匕）
特牲48 棘心～（匕）

0400 樲

1

樲 特牲1—2 ～（闌）西

0401 ⿰木畢

1

特牲14 宗人執～（畢）先入

0402 枋

6

有司15 却右手執匕～

有司16 二手執桃匕～扱汁

少牢8 ～（放）于西方

0403 梧

1

泰射54 北～〈梧〉

0404 榮

2

特牲47 東直東～

少牢8 當東～

0405 桐

2

乙服1 ～也

甲服2 ～也

0406 某

66

泰射44 子與～子射

士相2 ～非敢爲儀

士相5 ～既得見矣

少牢1 孝孫～

少牢5 ～是

士相1 ～也願見

士相4—5　~既得見矣

少牢2　皇祖伯~

0407 本

7

甲服2—3　皆下~

特牲48　皆去~末

乙服1　左~在下

乙服2　皆下~

0408 末

9

特牲48　皆去本~

甲服1　左~在下

少牢15　舌皆刌本~

少牢30　進~

0409 果

1

乙服3　菜~

0410 條

2

條　甲服3—4　~屬

乙服2　~屬

0411 枯

1

特牲48　用~（苦）

字號	字頭	數量	辭例
0412	柔	2	少牢22 孝孫某敢用~毛；泰射69 公親~（揉）之
0413	築	2	甲服24 以其貨財爲之~宮廟；乙服15 以其貨財爲之~宮廟
0414	極	1	泰射68 朱~三
0415	柱	1	甲服4 贊楄~麋
0416	楹	37	有司8 主人東~東；有司17 主人北面于東~東；有司20 或西~西；有司54 西~西；桖 燕禮32 東~之東
0417	枅	29	特牲12 主婦絻~（笄）；甲服8 簪~（笄）長尺；甲服60 象~（笄）也

（枅，續）
- 甲服59　子折～（笄）首以枅

0418 相　94
- 特牲11　執事之～（俎）
- 特牲15　～（俎）入
- 特牲49　舌撅～（俎）
- 泰射14　諸子執折～（俎）
- 少牢44　鄭舉于～（俎）
- 少牢30　撅執～（俎）

0419 枕　2
- 甲服4　寑蕈～塊
- 乙服2　寑蕈～塊

0420 柗　3
- 泰射58　～（拾）取矢
- 泰射59—60　既～（拾）取矢
- 泰射60—61　二偶～（拾）取矢

0421 柶　3
- 少牢27　有～
- 少牢27　尸扱以～
- 有司30　以羊刑之～扱羊刑

0422 杖　34
- 甲服3　而～者何也
- 甲服12　削～
- 甲服15　不～

0423 柄　3
- 特牲33　南～（枋）
- 少牢13　南～

0424 樂	0425 采	0426 横	0427 柧	0428 析	0429 楄	0430 楅
26	2	3	25	1	1	13
燕禮 31 ～正	燕禮 31 ～菜	泰射 59 坐～弓	燕禮 41 士～〈旅〉于西階上	泰射 15 鄭～（觚）	甲服 4 贊～（屏）柱麋	泰射 60 適～南
泰射 15 ～吃		泰射 76 則～諸下	泰射 13 坐取～（觚）			泰射 99 退～
燕禮 1 ～人縣			泰射 14 左執～（觚）			泰射 54 小臣坐委矢于～
			特牲 47 實二爵～（觚）			
			泰射 21 升騰～（觚）于賓			
			燕禮 36 受～（觶）			

楅

特牲15 佐食啟~（會）

0431 休　3

有司77 尸~（謖）

特牲42 尸~（謖）

0432 柙　5

泰射70 ~（拾）發以將乘矢

泰射93 衆射者繼~（拾）取矢

泰射99 以~（拾）取矢

0433 朼　9

少牢7 鼎~（匕）

少牢7 ~（匕）與敦

有司16 注于疏~（匕）

少牢14 一~（匕）以從

0434 棦　2

甲服59 ~枅也

0435 棜　3

特牲6—7 ~（棜）在其南

少牢11 同~（棜）

少牢13 鄭于~（棜）上

東部

0436

東

212

有司 7
主人楹～北面拜

甲服 16
～宮

有司 16
司馬在羊鼎之～

少牢 11
司宮設雷水于洗～

特牲 45
執于～序下

特牲 9
～北面告濯

之部

0437

之

646

泰射 111
反鄭～

士相 4
復見～

有司 16
司馬在羊鼎～東

士相 1
士相見～禮

泰射 4
建鼓在西階～東

特牲 1
立于主人～南

泰射 13
有反～

泰射 17
賓主人～左拜送爵

甲服 2
大功～經

有司 14
亦衡載～

泰射 11
主人從～

甲服 29
父～所不降

巿部

0438

師

師

26

帥 泰射9 小臣～

泰射37 少～

燕禮37 小臣～

泰射8 小臣～

出部

0439

出

出

80

甲服13 則爲～無服

士相4 賓拜送摯～

特牲13 佐食及執事浣～

甲服20 及其始祖之所自～

少牢15 長～〈匕〉

朩部

0440

索

索

2

泰射54 取矢不～

士相8 維之以～

0441 南

南　165

- 有司18　羊俎~
- 少牢13　~柄
- 有司10　設于初邊之~
- 特牲16　~面
- 特牲47　蓋在~
- 泰射68　正坐鄭筍于物~
- 特牲48　廟門外東~
- 甲服16　~宮

生部

0442 生

生　17

- 甲服51　則~小功之親焉
- 甲服56　則~緦之親焉
- 甲服10　則~養之

稽部

0443 稽

稽　48

- 特牲16　主人再拜~首
- 泰射83　再拜~首
- 泰射20　再拜~首
- 泰射106　再拜~首
- 泰射110　再拜~首

朿部

0444 朿

3

泰射92　矢～

泰射74　進～

囗部

0445 圜

1

燕禮2　兩～壺

0446 國

16

甲服46　～君

士相16　詑者在～（邦）

0447 因

4

甲服10　與～母同

甲服54　～是以服緦也

0448 固

16

士相3　某～辭

士相2　～以請

燕禮46　寡君～曰不腆

0454 賁	0453 賢	0452 資	0451 貨	0450 財	貝部	0449 員	員部
14	4	35	2	8		1	
有司37 ～（蕡）在⿰米豊南	泰射76 ～獲	甲服2 ～（齊）衰之經也	甲服24 ～財	甲服17 異居而同～		泰射5 兩～（圓）壺	
有司15 尸取⿰米豊～（蕡）	泰射97 ～獲	甲服12 ～（齊）衰		甲服24 貨～			
有司9 ～（蕡）坐設于豆西		甲服24 異居則～（齊）衰		乙服11 異居而同～			

0455 贊

42

特牲 2　宰自主人左～命

少牢 19　婦～者一人

有司 9　婦～者執昌

有司 15　宰夫～者取白

有司 9　婦～者執白

0456 賜

22

士相 2　請終～見

士相 13　如君～之食

燕禮 42　所～者興受爵

0457 贏

1

特牲 13　～（蝸）盍

0458 負

16

泰射 46　司馬阼命～矦者

泰射 66　～其阼而⿺辶巳

泰射 53　～矦許若

0459 貳

12

甲服 19　不～斬也

甲服 23　猶曰不～天也

乙服 14　不能～尊

0460 賓

330

特牲 10　～出

特牲 13　及～浣

特牲 49　～與長兄弟

特牲 9　～出

特牲 46　～出

有司 25　次～

0461 販 — 1

有司 64　主婦～（反）邊于房中

0462 賤 — 1

士相 7　夫子之～私也

0463 貴 — 19

甲服 8　～臣

甲服 14　～終也

甲服 54　～妾

邑部

0464 邑 — 2

甲服 20　都～之士

乙服 13　都～之士

0465 都 — 2

甲服 20　～邑之士

乙服 13　～邑之士

0466 酆 — 1

燕禮 2　有～（豐）

0467 鄭 — 125

有司 8　～（奠）爵

士相 9　士大夫則～（奠）摯

特牲 34　賓～（奠）于薦南

少牢19

坐～（奠）于延前

特牲43

兩選～（奠）舉于柤

𨛜部

0468

鄉

7

燕禮4

～璽卿

特牲17

祝～（饗）

泰射6

西～（嚮）

第七　日部——㫃部

日部

0469 日　21

- 士相12　問~之蚤宴
- 甲服38　以~易月
- 特牲1　不詛~
- 少牢6　明~

0470 時　5

- 甲服24　歲~使之祀焉
- 甲服48　~妾見乎天子

0471 晉　4

- 泰射72　~（搢）三挾一个
- 泰射66　述~（搢）符
- 泰射62　~（搢）符

0472 昨　3

- 有司54　~（酢）之
- 有司76　利獻于~（醋）

0473 昌　3

- 有司9　婦贊者執~
- 有司9　~在東方

0474 重 腊

20

- 特牲51　～如牲骨
- 少牢11　～一肫而鼎
- 特牲14　舉魚～鼎

0475 昆

74

- 甲服46　諸父～弟
- 甲服56　～弟之妻
- 甲服54　從母～弟
- 甲服17　夫之～弟之子
- 丙喪19　～弟之下殤

旦部

0476 旦

1

- 少牢6　～明行事

倝部

0477 輈

14

- 朝　甲服29　夫貴於～
- 特牲3　前期三日之～
- 少牢6　宗人～服

㫃部

0478
施

1

泰射98
~（弛）弓

0479
游

2

士相12
則~（遊）目

0480
旅

25

特牲39
受~者拜受

特牲50
獻與~齒於眾賓

特牲51
宗婦亦~

泰射7
請~諸臣

0481
族

9

甲服21
收~者也

甲服13
絶~無易服

甲服21
故~以支子後大宗

晶部

0482 重
參

4

泰射2
見鵠於~

泰射45
有射~

月部

0483 月

43

甲服24 異居則資衰三～

甲服32 何以服資衰三～也

甲服33 何以服資衰三～也

甲服40 三～

丙喪30 則～筭如國人

甲服53 三～者

0484 朔

1

泰射4 ～鋽在其北

0485 期

4

特牲3 前～三日之朝

少牢6 反爲～于廟門之外

少牢6 請祭～

有部

0486 有

149

少牢2 假女大筮～常

甲服17 ～餘則歸之宗

少牢29 尸～食

甲服1 麻之～賁

泰射9 ～（又）命之

少牢31 ～（又）拜

有　士相10　君不～其外臣

有　士相13　如～將食者

朙部

0487 朙

9

明　特牲6　厥～日夕

明　少牢6　旦～行事

明　特牲48　～日卒尊

夕部

0488 夕

4

夕　甲服4　～一湓米

夕　特牲6　厥明日～

0489 夜

5

夜　士相12　～侍坐

夜　士相12—13　問～

夜　甲服4　哭晝～無時

夜　乙服2　哭晝～無時

0490 外

58

外　特牲8　如～位

外　特牲2　棫～

外　士相7　門～

少牢 1 廟門之～

少牢 6 反爲期于廟門之～

多部

0491 多

1

少牢 33 ～福

卤部

0492 㮚

5

栗 特牲 48 ～擇

栗 燕禮 50 皆～階

有司 64—65 ～在㮚東

齊部

0493 齊

3

丙喪 34 ～衰四升

丙桑 9 踈衰常～

朿部

0494 棗

11

有司65 ～東

有司64 執～

有司69 執～

0495 棘

2

特牲48 ～心枇

片部

0496 牖

3

特牲46 佐食闔～户

有司79 司宮闔～户

鼎部

0497 鼎

37

特牲10 實～

有司15 羊～

特牲6 陳～于少外

有司3 司馬舉羊～

特牲14 ～西面措

特牲14 委于～北

特牲14 舉魚腊～

有司1 魚三～

少牢10—11 魚十有五而～

特牲13 牲～

特牲14 加朼于～

特牲9 舉～密

少牢8 二～

少牢9 實于一～

少牢13 主人出迎～

禾部

0498 稼

1

少牢33 宜～于田

0499 私

22

特牲53 ～臣

特牲53 ～臣

甲服14 不敢服其～親也

有司58 ～人

0500 稷

8

特牲15 黍～

少牢21 坐設于～南

少牢31 黍～

0501
年

26

甲服 6
何以三～也

乙服 3
三～

甲服 13
父必三～然后娶

少牢 33
牛壽萬～

0502
轂

2

特牲 52
～（轂）折

特牲 52
～（轂）折

0503
稍

3

燕禮 51
～屬

泰射 69
～屬

泰射 96
～屬

0504
秦

6

燕禮 48
～〈泰〉門內

燕禮 50
～〈奏〉肆夏

燕禮 50
臣敢～〈奏〉爵

0505
稱

8

士相 2
聞吾子～執

士相 16
凡自～於君

甲服 45
公子之子～公孫

0506
科

1

少牢 11
有～〈科〉

0507
稚
2

甲服 23
妻～

秝部

0508

兼

24

有司 32 ～祭于豆祭

少牢 2 右～執犢

有司 15 ～祭于豆祭

黍部

0509

黍

18

特牲 15 ～稷

特牲 17 佐食取～

少牢 25 兼與～

少牢 43 進一敦～于上佐食

少牢 44 皆祭～祭舉

少牢 26 敦～于延上

少牢 25 ～稷

少牢 43 一敦～

少牢 44 資～于羊俎兩端

少牢 33 受～

米部

0510 米 4

甲服4 朝一洫～

甲服4 夕一洫～

乙服2 朝一洫～

0511 糗 15

臬 有司29 取～

有司32 主婦羞～

粮 有司64 執棗～

⿰米臬 有司65 取棗～

有司73 ～在棗東

0512 糟 13

有司9 ～（糟）在東方

有司21 ～（糟）東

有司21 又取～（糟）

麻部

0513 麻 41

甲服12 牡～絰

甲服2 緦～之絰

丙喪19 繐～帶絰

韭部

0514 韭

12

- 有司 24　～菹
- 少牢 19　～菹
- 有司 14　右取～俎
- 有司 8　薦～

宀部

0515 家

4

- 士相 1　請吾子之就～
- 士相 2　請吾子之就～

0516 室

22

- 甲服 8　大夫～老
- 甲服 51　以爲相與居～中
- 特牲 11　祝延几于～

0517 安

7

- 燕禮 35　乃～
- 燕禮 33　以我～
- 少牢 15　心皆～下刌上

0518 宴

1

- 士相 12　問日之蚤～

0519 實

39

少牢10
~于一鼎

少牢10
~于一鼎

泰射25
升~之

特牲7
~獸于其上

特牲19
尸~舉于菹豆

0520 容

5

泰射4
~（頌）磬西或

士相9
~送俶

泰射42
鼙~弓

0521 宭

1

泰射60
~（梱）之

0522 宰

24

特牲2
~自主人左贊命

特牲44
~贊一爵

有司41
~夫

有司74
~夫

少牢34
~夫

有司5
受~几

0523 宜

2

少牢33
~稼于田

0524 寫

12

特牲23
主人~嗇于房

燕禮46
~〈寡〉君

特牲3
~卦

0525 宵		0526 宿		0527 寖	0528 寡	0529 客	0530 寄
3		32		4	1	1	5
特牲 12 ~衣	**背** 燕禮 44 ~	特牲 5 占曰吉~	特牲 6 敢~	甲服 4 ~（寢）有席	士相 15 ~君之恭	燕禮 45 公與~燕	**寄** 丙喪 9 ~公爲所禺
泰射 113 ~則庶子執燭		少牢 6 既~尸		燕禮 1 ~（寢）東			乙服 19 ~公者何也
		有司 15 ~（縮）于俎上					乙服 19 ~公爲所禺

0531

宗

77

甲服6
同~則爲之後

甲服21
~者

特牲13
~人

少牢6
~人朝服

少牢6
~人曰

宮部

0532

宮

37

甲服16—17
北~

甲服53
有死~中者

少牢11
司~

泰射4
司~

有司24
司~設席于東序

疒部

0533

病

6

乙服2
不能~也

甲服3
輔~也

甲服3
不能~也

冖部

0534

冠

33

乙服1 ～繩纓

特牲47 玄～

特牲10 ～興

特牲1 主人～端玄

冂部

0535

同

36

甲服23 繼父～居者

有司30 ～祭于豆祭

甲服10 與因母～

㒳部

0536

兩

29

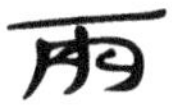

特牲28 執～豆籩

特牲11 盛～敦

少牢11 ～廡

泰射4 ～方壺

特牲25 宗婦執～籩

网部

0537 置 (1)

少牢 26 ～于膚北

襾部

0538 覆 (3)

特牲 47 ～兩壺焉

少牢 13 ～之

巾部

0539 巾 (14)

特牲 11 匴～

特牲 16 宗人授～

特牲 48 ～却也

0540 幅 (4)

丙喪 32 外削～

丙喪 33 屬～

0541 帶 (40)

丙喪 19 ～經

甲服 12 ～緣各視其冠

特牲 47 緇～

0542 常

32

甲服 2 大功之～也

丙丧 19 布衰～（裳）

甲服 12 踈衰～（裳）資

特牲 47 雜～（裳）可也

甲服 1 斬衰～（裳）

0543 幕

22

燕禮 5 請執～（冪）者

少牢 11 皆有～（冪）

泰射 10 請執～（冪）者

泰射 10 乃命執～（冪）

幕 特牲 48 ～用郤

泰射 5 蓋～（冪）加勺

0544 席

64

泰射 6 司宮執賓～户西

甲服 4 寢有～

有司 39 西面于主人～北

士相 13 則下～

泰射 83 就～

0545
布
36

丙喪 19
小功～衰常

甲服 12
冠～纓

士相 9
～四維之

甲服 7
～總

白部

0546
白
6

有司 9
婦贊者執～

有司 15
宰夫贊者取～

有司 30
在～西

㡀部

0547
敝
2

士相 15
凡執～（幣）

第八 人部——歙部

人部

0548 人

534

- 士相1 主～
- 甲服31 婦～
- 士相3 主～
- 少牢3 示主～
- 特牲1 子姓兄弟如主～服
- 士相2 主～
- 士相16 庶～

0549 儒

4

- 甲服37 其文不～（縟）
- 乙服22 其文～（縟）
- 甲服37 其文～（縟）

0550 伯

5

- 少牢22 皇祖～某
- 少牢2 皇祖～某

0551 儇

1

- 有司6 尸～（還）几

0552 俟 3

士相 13 則～君之食

士相 13 飲而～

士相 13—14 卒爵而～

0553 俶 1

士相 9 容送～（蹙）

0554 何 180

甲服 3 而杖者～也

甲服 8 眾臣者～也

甲服 22 斬也者～也

甲服 29 ～以服朞也

0555 儋 2

甲服 3 ～（擔）主也

乙服 2 ～（擔）主也

0556 備 7

燕禮 32 歌～

特牲 37 尸～合拜焉

少牢 43 賓長二人～

特牲 33 主人～合拜焉

0557 位 115

甲服 7 不以即～

特牲 25 復～

特牲 41 復初～

少牢 42　復～

0558 重 擯

擯（21）

- 泰射 27　～者
- 特牲 6　宗人～
- 泰射 9　～者命賓
- 士相 8　～者

0559 倚

倚（7）

- 倚 甲服 4　居～廬
- 泰射 4　桃～于容磬西或
- 泰射 52　～于階西
- 泰射 55　～符

0560 依

依（1）

- 士相 3　某不～于墊

0561 侍

侍（4）

- 燕禮 51　請旅～臣
- 士相 12　凡～坐於君子
- 泰射 83　則～射者降

0562 付

付（2）

- 泰射 48　左執～（弣）
- 泰射 69　左執～（弣）

0563 俠

1

俠 燕禮 52 則～（夾）爵

0564 作

88

泰射 3 ～（阼）階東

特牲 14 當～（阼）階南面

特牲 9 雍正～豕

少牢 42 立于～（阼）階上

特牲 45 祝命徹～（阼）俎

泰射 8 立于～（阼）階

0565 假

2

少牢 33 以～（嘏）于主人

少牢 38 不～（嘏）

0566 代

1

有司 11 ～脇一

0567 儀

8

士相 2 某非敢爲～

士相 8 非敢爲～

士相 13 贍～（蓳）

有司 49 ～也

0568 似

1

丙喪 23 弟～（姒）

0569 使

24

- 士相4　〜某見
- 士相7　〜擯者還其摯於門外
- 士相8　某〜某
- 少牢33　〜女受禄于天

0570 傳

17

- 甲服2背　服〜
- 士相11　復〜言
- 乙服6　〜曰

0571 伐

5

- 有司10　〜（代）脇一
- 少牢10　〜（代）脅一
- 少牢17　〜（代）脅一
- 少牢9　〜（代）脅一

0572 但

14

- 泰射40　〜（袒）決述
- 泰射52　〜（袒）決述
- 泰射68　小臣正贊〜（袒）
- 丙喪29　〜（袒）免

0573 咎

12

- 甲服59　婦爲〜（舅）姑
- 甲服26　與婦之事〜（舅）姑
- 乙服34　胃我〜（舅）者

0574 偶

40

泰射 60
以～（耦）左還

泰射 52
三～（耦）卒射

泰射 55
卿則以～（耦）告于上

泰射 44
爲～（耦）

0575 弔

6

丙喪 31
～於命婦

甲服 58
命婦～於大夫

乙服 36
大夫～於命婦

0576 个

14

有司 62
柤舍三～

泰射 72
簭三挾一～

泰射 60
簭三挾一～

0577 伓

3

泰射 38
羣工～（陪）于後

少牢 19
～（陪）設亐東

0578 佐

87

特牲 17
～食取黍

特牲 13
及～食舉牲鼎

特牲 12
～食北面于中庭

少牢 31
上～食

少牢 31
以授上～食

0579 免

1

丙喪 29
但～

匕部

0580 匕

（篆）

12

- 有司4　一～
- 有司4　二～
- 有司10　司馬～（朼）羊

从部

0581 從

（篆）

115

- 士相5　敢不～
- 士相3　敢不～
- 士相8　敢不～
- 甲服14　繼母嫁～
- 甲服25　～服也
- 甲服25　～服也
- 甲服44　～乎大夫而降也
- 特牲28　肝～
- 少牢3　占曰～
- 有司36　或～

0582 并

（篆）

1

- 有司5　陳于羊俎西～

比部

0583

比

11

特牲 14
乃～（朼）

少牢 6
～於子

士相 14
～及門

北部

0584

北

237

有司 8
～面

特牲 5
～上

特牲 34
賓～面拜

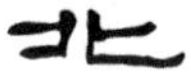

有司 7
～面拜

少牢 6
～面

少牢 20
豕惡其～

丘部

0585

虛

15

士相 14
而後授～爵

有司 26
宿執～俎以降

泰射 17
以～爵降

泰射 37
主人受～爵

泰射 105
主人執～爵

㐺部

0586 眾

眾 44

- 特牲53 獻次～賓
- 衆 士相11 與～言
- 泰射37 ～工不拜
- 泰射42 ～弓矢弗挾
- 特牲50 獻與旅齒於～賓
- 有司42 南面拜～賓

重部

0587 重

重 6

- 泰射29 司宮兼捲～席
- 甲服19 持～於大宗者
- 甲服6 受～者

0588 量

量 4

- 泰射2 遂命～人
- 泰射100 ～人解左下剛

臥部

0589 監

4

特牲 28 取肝擩～（鹽）

特牲 24 擩于～（鹽）

身部

0590 身

2

甲服 11 其～如母

乙服 7 終其～如母

0591 體

14

甲服 53 尊者爲～（體）

甲服 15 父子一～（體）也

甲服 16 昆弟一～（體）也

衣部

0592 衣

13

少牢 19 ～袳袂

甲服 57 麻～縓緣

甲服 57 ～縓緣

0593 裹

1

特牲 48 熏～

0594 衽

1

丙喪33 ～二【尺有五寸】

0595 襲

15

泰射99 ～反位

泰射99 ～反位

泰射92 ～反位

泰射93 ～反位

泰射49 ～反位

泰射87 捝決拾～

泰射60 ～反位

泰射54 ～反位

泰射72 ～反位

泰射75 去符～

0596 袍

1

士相11—12 中視～（抱）

0597 祛

1

丙喪33 ～尺二寸

0598 袂

7

少牢19 衣移～

少牢34 左～

丙喪33 ～屬幅

編號	字頭	數量	出處及辭例
0599	褱	1	特牲22—23【詩】～（懷）
0600	袳	2	少牢19 衣～（侈）袂
			少牢19 衣～（侈）袂
0601	襦	1	燕禮51 袒朱～
0602	被	2	少牢19 主婦～錫
			少牢19 亦～錫
0603	雜	1	特牲47 ～常可也
0604	袒	2	燕禮52 則肉～
			燕禮51 ～朱襦
0605	衰	76	丙喪34 總～四升有半
			丙喪34 齊～四升
			甲服2 資～之經也
			甲服49 小功布～常
			甲服24 同居則資～基
			甲服1 斬～常

0606 卒

178

士相12 ～視面

特牲24 ～角

有司14 ～升

有司8 ～湆

有司18 ～載

有司40 ～洗

衺部

0607 重 求

3

特牲3 如～日之義

士相5 某非敢～見

老部

0608 老

5

士相11 與～者言

甲服8 大夫室～

0609 壽

2

少牢33 牛～萬年

少牢47 胡～葆建家室

0610 孝

13

特牲2 ～孫某

甲服10 ～子

士相11 言～弟於父兄

毛部

0611 毛（1）
- 少牢 22　柔～

尸部

0612 尸（238）
- 特牲 49　沃～浣者一人
- 特牲 45　佐食徹～薦
- 有司 55　～或合拜
- 有司 8　酌獻～
- 特牲 3　筮～
- 少牢 27　～扱以柶

0613 居（29）
- 士相 11　與～官者言
- 士相 1　夏用～（腒）
- 甲服 4　～倚廬

0614 尻（1）
- 少牢 35　腊兩髀屬于～

0615 新 屨（16）
- 甲服 8　繩～（屨）者
- 士相 14　隐辟而後～（屨）
- 士相 14　坐取～（屨）

泰射 102　大夫皆挩～（屨）

尺部

0616 尺

8

丙喪 33　二～二寸

甲服 8　簪枅長～

泰射 42　度～而午

丙喪 33　下～

尾部

0617 尾

1

特牲 9　宗人舉獸～

0618 屬

14

泰射 96　稍～

少牢 28　～（獨）侑不拜

甲服 42　其夫～乎子道者

燕禮 51　稍～

履部

0619 履（1）

- 泰射48 ～物

舟部

0620 般（6）

- 股 特牲11 實於～（槃）中
- 特牲49 一人奉～（槃）
- 少牢12 設～（槃）

0621 服（137）

- 甲服56 從～也
- 少牢1 史朝～
- 甲服2背 ～傳
- 甲服7 近臣君服斯～矣
- 甲服53 何以～緦也
- 特牲4 尸如主人～

方部

0622 方（34）

- 有司14 西～
- 少牢8 西～
- 少牢6 東～南面

特牲10
立于門外東~

兄部

0623

兄

59

甲服33
~弟之服也

特牲7
~弟

特牲25
~弟

有司48
~弟

先部

0624

先

26

特牲13
~入

少牢13
主人~入

有司2
~入門右

見部

0625

見

40

甲服48
妾~

士相3
不敢~

士相3
不敢~

0626 視

視

19

甲服12 帶緣各~其冠

泰射75 北面~筭

泰射48 ~矦中

0627 親

親

22

甲服13 ~者屬

甲服23 子無大功之~

甲服23 所適者亦無大功之~

泰射69 公~柔之

士相12 立則~足

欠部

0628 欲

欲

1

泰射108 唯~

0629 歌

歌

7

燕禮32 ~備

燕禮50 升~鹿鳴

泰射36 乃~鹿鳴

0630 次

次

41

有司25 ~賓羞

特牲15 魚~

特牲53 獻~眾賓

特牲53 獻~眾兄弟

歙部

0631

歙

43

歙 有司41

遂～

少牢41

遂～

有司44

遂～

第九　頁部——彖部

頁部

0632 顯 1

顩 士相1 某也~見

0633 顧 3

士相14 則不敢~辟

泰射41 東面右~

0634 順 7

特牲7 南~

少牢18 革~

泰射59 ~羽

面部

0635 面 324

有司24 尸西楹西北~荅拜

少牢25 祝反一南~

士相9 結于~

有司7 北~拜

泰射94—95 北~視上射

有司36 主人北~立于東楹東

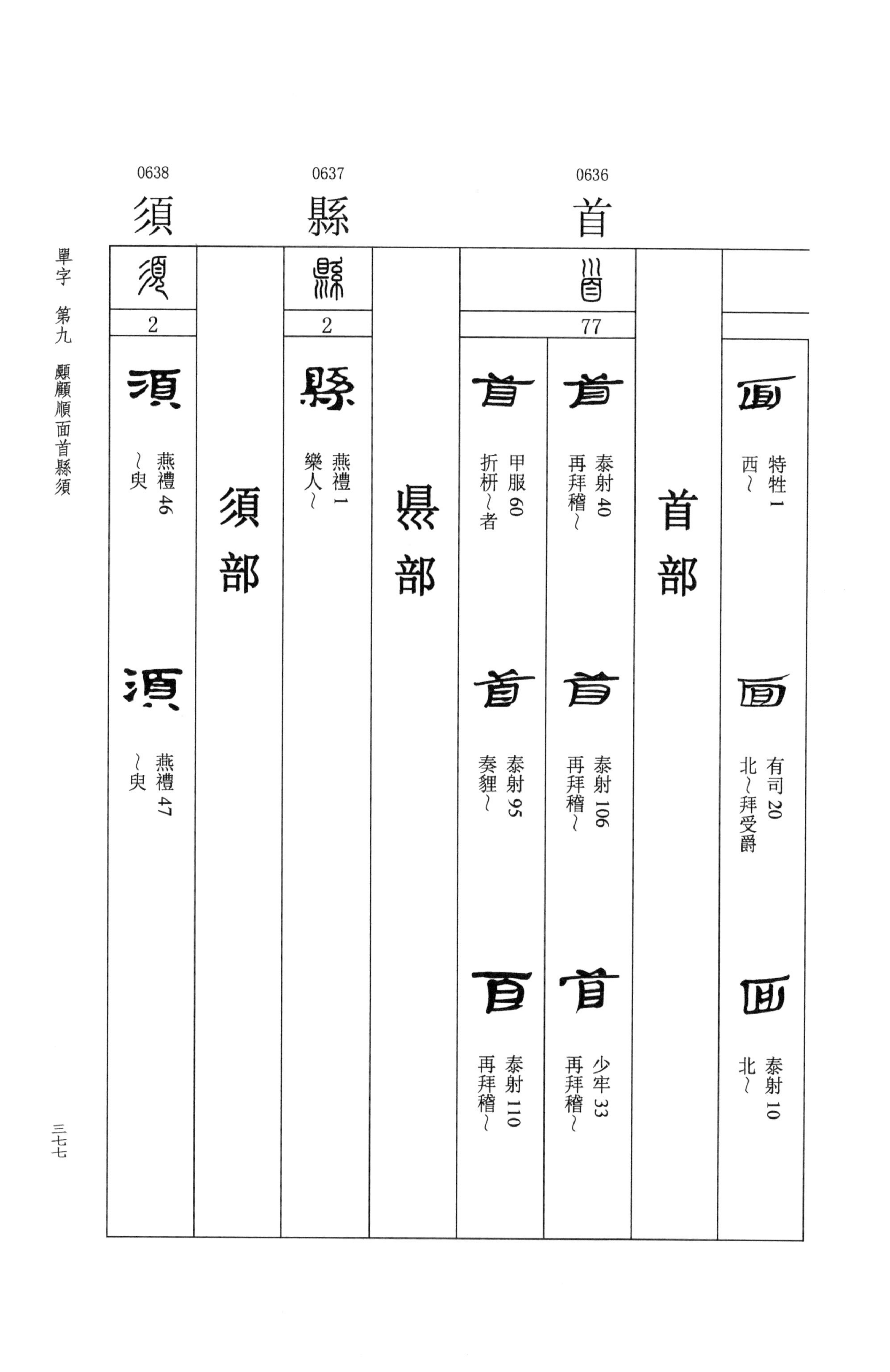

特牲1 西～

有司20 北～拜受爵

泰射10 北～

首部

0636

首

77

泰射40 再拜稽～

泰射106 再拜稽～

少牢33 再拜稽～

甲服60 折枅～者

泰射95 奏貍～

泰射110 再拜稽～

県部

0637

縣

2

燕禮1 樂人～

須部

0638

須

2

燕禮46 ～臾

燕禮47 ～臾

后部

0639

后

后

14

甲服13
父必三年然～（後）娶

甲服26
然～（後）爲祖後服斬

泰射71
公還而～（後）賓降

泰射95
公樂作而～（後）

司部

0640

司

司

168

有司26
～馬羞羊肉汁

有司24
～宮設席于東序

少牢9
～士升豕

少牢44
～士

泰射52
與～射交于階前

泰射98
～射

泰射61
～馬

有司43
～士

少牢13
～宮

卩部

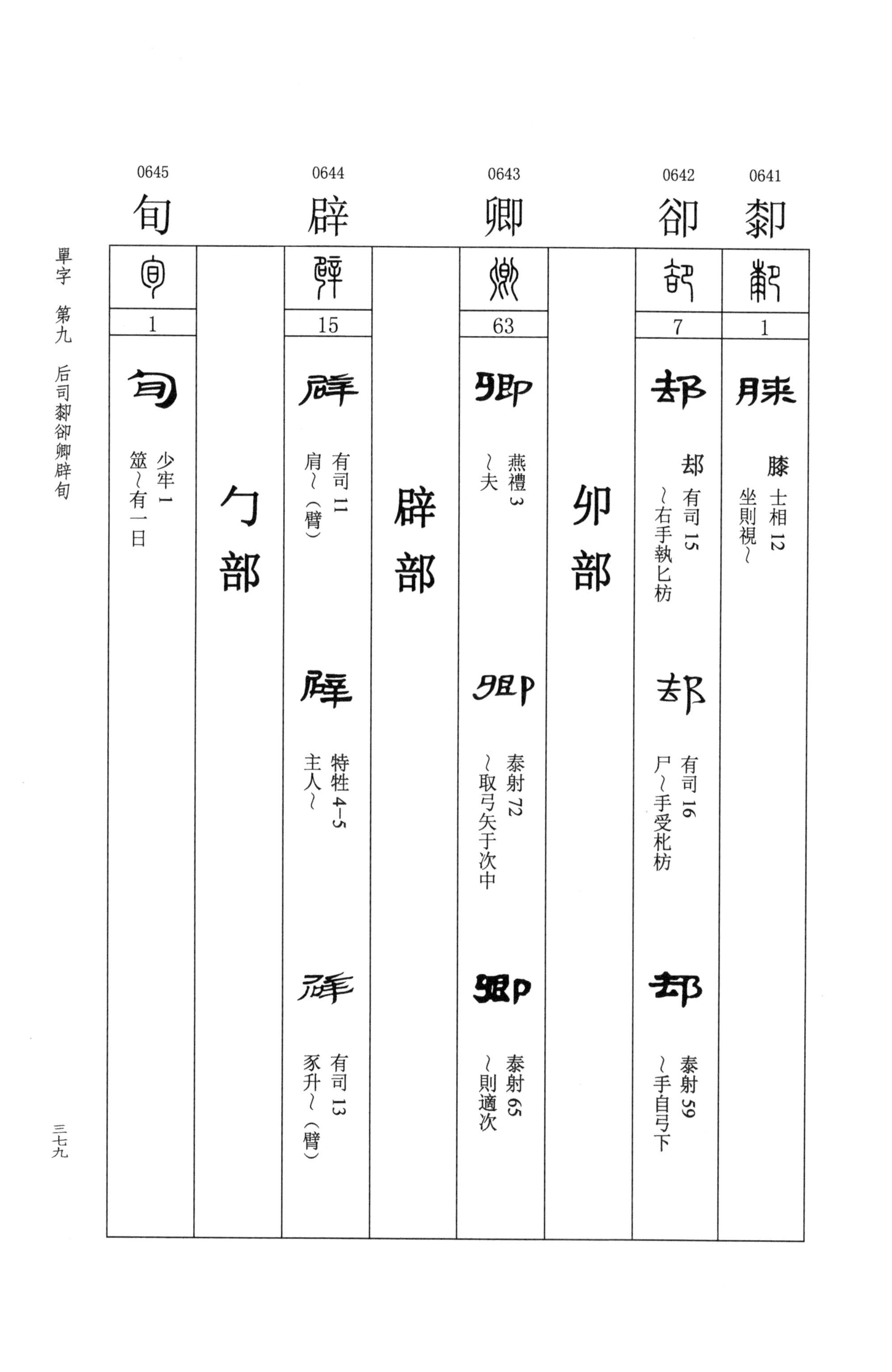

0641 厀

1

膝
士相 12
坐則視～

0642 卻

7

却
有司 15
～右手執匕枋

有司 16
尸～手受柶枋

泰射 59
～手自弓下

卯部

0643 卿

63

燕禮 3
～夫

泰射 72
～取弓矢于次中

泰射 65
～則適次

辟部

0644 辟

15

有司 11
肩～（臂）

特牲 4-5
主人～

有司 13
豕升～（臂）

勹部

0645 旬

1

少牢 1
筮～有一日

苟部

0646 敬

5

甲服32
尊祖故～宗

特牲6
某敢不～

由部

0647 畏

1

泰射69
以袂揗左右～（隈）

0648 禺

5

丙喪9
寄公爲所～（寓）

乙服19
何以爲所～（寓）

山部

0649 山

2

燕禮31
南～有壺

0650 密

7

特牲9
舉鼎～（鼏）

特牲14
除～（鼏）

少牢11
皆設扃～（鼏）

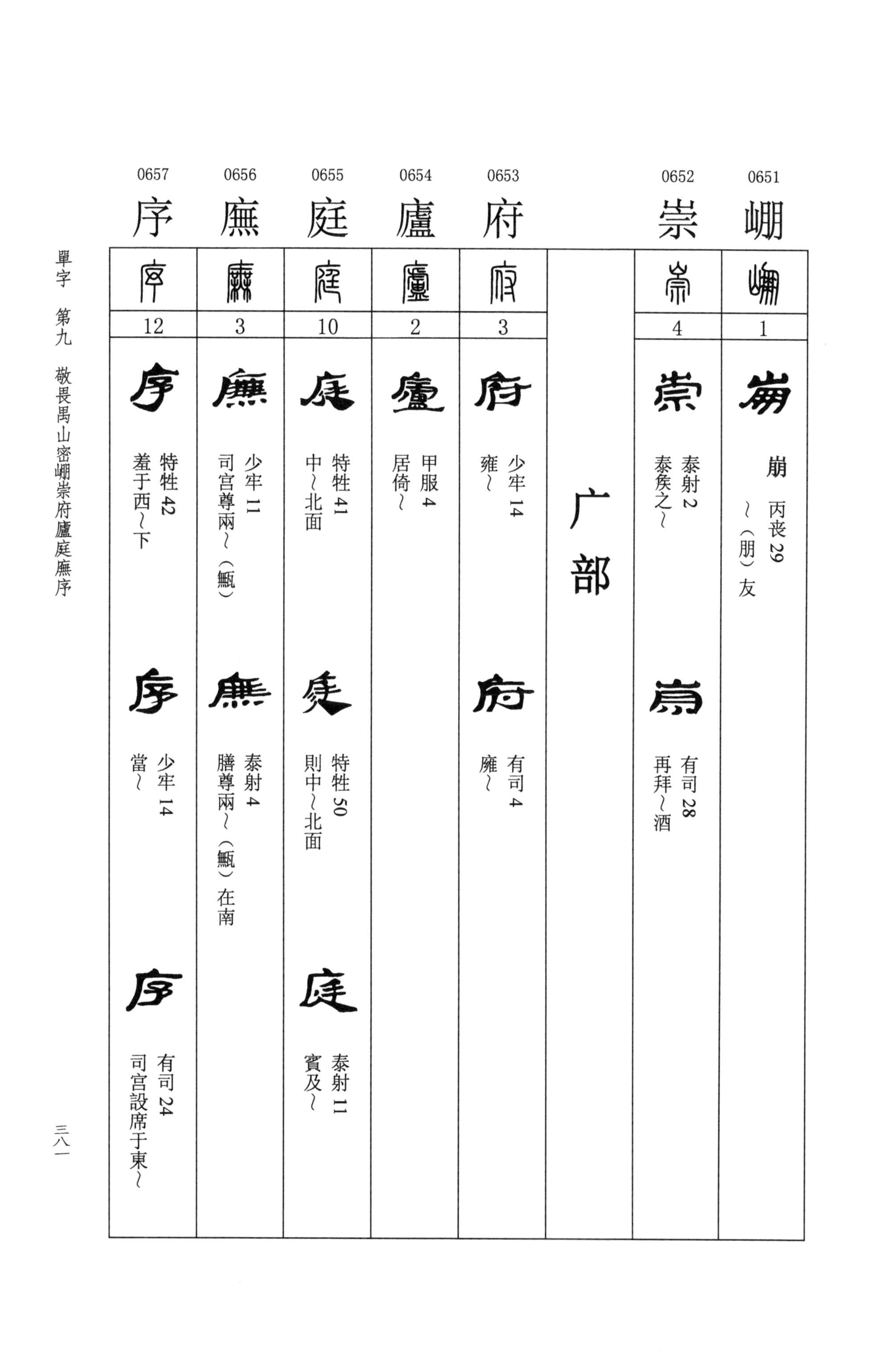

0651 崩 1

崩　丙喪 29　～（朋）友

0652 崇 4

泰射 2　泰矦之～

有司 28　再拜～酒

广部

0653 府 3

少牢 14　雍～

有司 4　廱～

0654 廬 2

甲服 4　居倚～

0655 庭 10

特牲 41　中～北面

特牲 50　則中～北面

泰射 11　賓及～

0656 廡 3

少牢 11　司宮尊兩～（甒）

泰射 4　膳尊兩～（甒）在南

0657 序 12

特牲 42　羞于西～下

少牢 14　當～

有司 24　司宮設席于東～

0658 廣

1

丙喪 33
～出於適寸

0659 廉

2

有司 15
左手執俎左～

有司 6
右手執外～

0660 庶

49

有司 42
羞～

士相 16
～人

甲服 52
～母

甲服 43
公之～昆弟

0661 廟

18

特牲 42
出于～門

少牢 6
反爲期于～門之外

少牢 6
即位于～門外

0662 廱

4

有司 4
～（雍）正

有司 15
～（雍）人

厂部

0663 厥

2

特牲 6
～明日夕

泰射 4
～明

0664
厭

2

- 乙服26 先君之餘尊之所~
- 甲服43 先君之餘尊之所~

石部

0665
礜

103

- 少牢21 主婦~〈興〉受
- 少牢36 坐授爵~〈興〉
- 特牲10 冠~〈興〉
- 有司59 執爵以~〈興〉
- 泰射103 大夫皆~〈興〉
- 有司10 不~〈興〉

0666
磬

2

- 泰射3 容~東面
- 泰射4 容~西或

長部

0667
長

106

- 甲服2 ~各齋其心
- 甲服25 ~子
- 有司14 賓~設羊俎于豆南
- 特牲38 東面立~兄
- 有司43 ~賓升
- 泰射33 若賓若~

0668

隸

4

肆　燕禮50
~夏

士相16
舉前~（曳）踵

隸　泰射86
洗獻~（隸）僕人

勿部

0669

勿

5

乙服2
段而~灰

甲服4
段而~灰

少牢16
~没

而部

0670

而

80

甲服20
知母~不知父

士相10—11
稱~復傳言

甲服3
~杖者何也

豕部

0671

豕

27

有司1
乃升羊~

有司13
~升

特牲9
作~

豸部

0672

貍

2

泰射95
~首

泰射95
~首

易部

0673

易

15

甲服38
以日~月之殤

有司35
尸~爵于匪

泰射27
~觴

象部

0674

象

5

燕禮38
賓降洗~柧

甲服60
~枅也

第十　馬部——心部

馬部

0675 馬　45

- 少牢7　司~劫羊
- 泰射96　司~升
- 有司10　司~匕羊
- 有司18　司~

0676 駕　3

- 丙喪29　~（加）一等
- 丙喪29　~（加）一等
- 特牲40　爲~（加）爵者作止爵

0677 騷　2

- 泰射66　~（埽）矦道

0678 騰　14

- 泰射24　~（媵）爵者
- 泰射106　公坐取賓所~（媵）柧
- 燕禮17　~（媵）爵者

廌部

0679 薦

70

特牲34 賓鄭于～南

特牲6 某～歲事

少牢1 用～歲事

有司20 主婦～韭菹醢

有司48 墳爵于～左

有司50 亦有～升

鹿部

0680 鹿

2

燕禮50 ～鳴

泰射36 ～鳴

0681 麋

2

甲服4 贊槅柱～（楣）

少牢11 腊用～

0682 麃

1

士相9 ～（麛）執之

0683 麗

1

燕禮31 魚～

0684 ⿸鹿寺

1

乙服6 ～（蘪）類之菲

犬部

0685
狗

1

燕禮48
其生～也

0686
獲

27

泰射50
毋射～

泰射62
北面請澤～于公

泰射72
澤～皆如初

泰射73
餘～

泰射96
澤～如初

0687
獻

85

有司8
酌～尸

有司48
～兄弟

特牲27
賓三～

少牢39
～祝

有司20
～或

有司43
～賓于西階上

泰射86
洗～隸僕人

少牢37
～尸

特牲50
～與旅齒於眾賓

特牲30
從～皆如主人

特牲25
惡～尸

特牲23
主人酌～祝

獻（續）

有司75 ～兄弟與内賓

特牲24 酌～佐食

有司29 面拜～尸

0688
猶

7

甲服23 ～曰不貳天也

甲服35 ～未絶也

泰射98 司射～但決述

0689
獦
1

泰射50 毋～（獵）護

能部

0690
能

6

甲服3 不～病也

甲服23 婦人不～貳尊也

乙服14 不～貳尊

火部

0691
然

15

士相13 ～後食授

甲服16 ～而

甲服15 ～則爲昆弟之子

甲服26 ～后爲祖後服斬

泰射111 ～后飲

甲服53 ～則何以服緦也

士相 13 ～後食

0692 燔 20

有司 18 宿一～于俎上

特牲 25 兄弟長以～從

有司 27 次賓羞～

有司 32 受～

0693 烝 1

特牲 48 棗～

0694 灰 2

乙服 2 段而勿～

甲服 4 段而勿～

0695 燭 8

泰射 113 庶子執～於作階上

泰射 113 執～於西階上

燕禮 44 司宮執～

黑部

0696 黑 3

有司 15 取白～以授尸

泰射 42 若～（墨）

0697

黨

2

甲服 45　～服

乙服 27　～服

大部

0698

大

248

士相 8　上～夫相見

士相 14　～夫則辤

甲服 8　～夫室老

少牢 2　假女～筮有常

泰射 10　～夫

甲服 48　諸侯之～夫

甲服 48　諸侯之～夫爲天子

甲服 45　何以～功也

甲服 44　何以～功也

甲服 43　何以～功也

泰射 92　～夫進坐

亦部

0699

亦

65

甲服 18　子～不敢降也

少牢 15　～午割

甲服 15　何以～基也

少牢30 肝～臧

有司11 ～司土載

甲服57 子～不敢服也

甲服47 子～不敢服也

交部

0700 交 11

特牲40 ～錯以辨

有司60 ～錯其州

有司76 ～錯與州

泰射81 ～于階前

0701 絞 4

甲服1 ～帶

乙服1 ～帶

壺部

0702 壺 9

特牲9 視～濯及豆籩

特牲47 覆兩～焉

泰射5 兩員～

特牲33 尊兩～于阼階東

壹部

0703
壹

6

士相7 合～拜

士相9 荅～拜

有司42 荅～拜

幸部

0704
睪

1

士相8 以～（羔）

0705
執

222

少牢41 ～爵以興

有司70 ～爵以興

特牲1 有司羣～事

有司17 宿～俎

特牲44 兩還～爵

士相2 聞吾子稱～（摯）

少牢32 尸～以命祝

士相8 如～雉

0706 報

31

甲服17　~之也

甲服28　故不言~

甲服27　唯子不~

夲部

0707 奏

4

泰射11　~世夏

泰射113　~陔

夫部

0708 夫

233

有司15　宰~

甲服28　其婦人爲大~妻者也

泰射114　卿大夫皆出

甲服26　大~之妾

少牢34　宰~

泰射92　大~進坐

立部

0709 立

89

士相12　~則視足

特牲1　~于主人之南

有司35　主人~于洗東

0710 端

6

特牲 1 主人冠～玄

特牲 47 佐食玄～

少牢 20 北～

0711 重 𥩟

16

泰射 44 偶～（俟）於次比

泰射 81 退～（俟）于序端

泰射 48 合足而～（俟）

泰射 53 負其俟而～（俟）

0712 竮

3

少牢 9 皆二骨以～（竝）

少牢 10 皆二骨以～（竝）

少牢 17 皆二骨以～（竝）

竝部

0713 竝

1

泰射 51 ～行

心部

0714 心

7

乙服 2 其～

少牢 15 佐食上私升牢～舌

特牲 48 棘～枇

字頭	編號	字數	字例
心			甲服 2 長各齋其～
志	0715	4	甲服 13 達子之～也；泰射 96 不以樂～
慎	0716	2	甲服 42 可毋～乎
忠	0717	2	士相 11 言～信慈惕；士相 11 言～信
念	0718	2	特牲 9 羹～（飪）；特牲 10 羹～（飪）
慈	0719	9	士相 11 ～惕；甲服 10 ～母如母；甲服 51 爲庶母～己者
恃	0720	1	乙服 6 ～（枲）麻也

0721

惡

11

甲服 59
~枅有首以繼

甲服 59
~枅者

特牲 25
~（亞）獻尸

少牢 20
豕~（亞）其北

丙喪 31
~笄有首以繼

第十一　水部——非部

水部

編號	字頭	字次	辭例
0722	水	9	特牲11 尸浣匜～；特牲47 ～在洗東；少牢23 一宗人奉鉇～
0723	灌	2	少牢9 在豕～（鑊）之西
0724	深	3	有司1 卒～（錟）；有司1 乃～（錟）尸俎；特牲47 南以堂～
0725	溜	2	燕禮45 門内～（霤）；泰射114 門内～（霤）
0726	溉	7	燕禮7 雍人～（摡）鼎；丙喪18 ～（既）堲除之者；少牢8 卒～（摡）
0727	治	2	甲服42 人～之大者也

0728 寑

3

甲服4 ~（寢）蕈枕塊

乙服2 ~（寢）蕈枕塊

燕禮48 朝服於~（寢）

0729 滲

1

甲服37 故喪之經不~（樛）垂

0730 況

1

燕禮47 君~（貺）寫君

0731 汋

1

燕禮17 ~（酌）散

0732 滿

2

甲服38 不~八歲

乙服22 不~八歲

0733 滑

1

特牲48 皆有~

0734 澤

33

泰射64 ~（釋）一筭

泰射63 ~（釋）獲者命小史

泰射71 ~（釋）弓于堂西

泰射96 ~（釋）獲者執餘獲

泰射63 公則~（釋）獲

泰射61 ~（釋）弓

0735 淖

1

少牢 22
薄～

0736 洫

4

甲服 4
夕一～（溢）米

甲服 4
朝一～（溢）米

0737 決

23

泰射 48
但～述

泰射 72
挩～拾

泰射 52
司馬正但～述

0738 注

1

有司 16
～于疏朼

0739 渼

2

沃　特牲 49
～尸浣者一人

特牲 49
淳～

0740 湛

1

少牢 19
韭菹～醢

0741 没

2

少牢 15
午割勿～

少牢 16
勿～

0742 汙

1

泰射 36
～（挎）越

0743 涫

涫　4

- 有司 8　降～（盥）
- 有司 35　～（盥）洗爵
- 有司 8　卒～（盥）

0744 汁

汁　16

- 少牢 45　進二豆～（湇）于兩下
- 有司 25　次賓羞匕～（湇）
- 有司 17　司馬羞羊肉～（湇）

0745 澡

澡　2

- 乙服 30　～麻帶絰
- 甲服 49　～麻帶絰

0746 洗

洗　154

- 少牢 13　～之
- 特牲 27　主婦～
- 有司 7　主人降～
- 泰射 5　執～

0747 淳

淳　2

- 特牲 49　～沃
- 泰射 63　～（梱）復

0748 重 浣

浣　20

- 少牢 18　主人～（盥）
- 特牲 13　及賓～（盥）
- 少牢 43　上佐食～（盥）

0749 濯

濯　3

- 特牲 9　視壺～及豆籩
- 少牢 3　宗人命～（滌）

0750

泰

11

泰射 68
～（大）射正執弓

泰射 9
～（大）射正擯

泰射 2 背
～（大）射

燕禮 2
公尊瓦～（大）兩

0751 重

亽

5

泰射 70
～（大）射正立

泰射 71
～（大）射正退

0752

泣

3

特牲 6
吾子將～（涖）之

泰射 42
射正～（涖）之

0753

減

2

泰射 77
右賢～左

川部

0754

州

29

特牲 33
北面～（酬）賓

有司 40
主人實觶～（酬）尸

有司 47
降～（酬）長賓

仌部

0755
冬
1

士相1
~用雉

雨部

0756
靁
3

少牢11
設~（罍）水于洗東

燕禮1
~（罍）水在東

泰射5
~（罍）水在東

魚部

0757
魚
28

特牲19
~一

少牢10
司士有升~

特牲48
~腊爨在其南

少牢17—18
~用鮒

少牢21
坐設于~俎南

0758
鮒
1

少牢17—18
魚用~

燕部

0759

燕

8

士相10 凡～見於君

燕禮1背 ～禮

燕禮48 ～朝服於寢

燕禮49 與卿～

非部

0760

非

10

乙服2 ～而不杖者何也

士相2 某～敢爲儀

士相5 某～敢求見

士相8 ～敢爲儀

第十二　乙部——系部

乙部

0761

乳

3

乳	乳	乳
甲服 54 ～母	乙服 34 ～母	丙喪 25 ～母

不部

0762

不

309

不	不	不
特牲 36 ～及佐食	有司 7 ～坐	士相 5 敢～從
特牲 6 某敢～敬	士相 2 ～得命	有司 10 ～興
少牢 28 屬侑～拜	士相 7 ～足以踐禮	

至部

0763

至

22

士相 9
執贄～下

甲服 7
～尊也

甲服 12
～尊在

西部

0764

西

326

特牲 1
～面北上

少牢 9
豕灌之～

特牲 14
鼎～面措

特牲 8
祝立于賓～北

少牢 7
～面

泰射 50
～階

有司 14
～方

有司 68
～北面

燕禮 30
以盧于～階上

特牲 53
門～

泰射 23
升自～階

泰射 104
～面北上

鹽部

0765

鹽

鹽

6

特牲 50 豆～

有司 18 ～在右

少牢 35 祝受擩于～

戶部

0766

戶

戶

28

特牲 10 尊于～東

特牲 45 主人立于～外

特牲 51 執以坐于～外

少牢 32—33 北面于～西

0767

房

房

50

特牲 45 豆入于～

有司 9 取籩于～

有司 42 ～中

特牲 11 陳于～中

燕禮 53 ～中之樂

0768

扃

扃

3

特牲 14 右人陶～

少牢 11 皆設～密

門部

編號	字頭	字數	辭例
0769	門	60	士相7 還其摯於～外；少牢7 雍爨在～東南；少牢42 遂出廟～；泰射113 ～外
0770	闔	2	特牲46 佐食～牖户；有司79 司宮～牖户
0771	閒	18	特牲17 祭于豆～；少牢25 祭于豆～；有司14—15 祭于豆～；有司38 祭于豆～；泰射42 兩楹之～
0772	關	2	泰射64 不～（貫）不舍
0773	閔	2	泰射113 ～（閽）人

0774
闠

2

燕禮49
樂～（闋）

燕禮50
樂～（闋）

耳部

0775
耳

1

燕禮31
縕～

0776
聽

1

燕禮50
～命

0777
聲

1

泰射49
～止

0778
聞

2

士相2
～吾子稱執

0779
聶

1

有司1
司宮～（攝）酒

0780
聓

3

甲服55
～（壻）何以緦也

乙服34
～（壻）何以緦也

手部

0781 手

手（小篆）

25

- 有司15　左～
- 有司16　二～
- 特牲28　坐挩～
- 泰射14　坐挩～
- 有司5　二～衡執几

0782 指

指（小篆）

6

- 特牲23　卦于季～
- 特牲17　告～（旨）
- 少牢34　卦于季～
- 有司17　告～（旨）

0783 揖

揖（小篆）

62

- 有司8　主人～
- 泰射10　公～卿
- 有司3　～乃攘
- 有司7　卒洗～
- 士相3—4　主人～
- 泰射58　西面～
- 泰射59　反面～
- 泰射51　相～
- 特牲42　皆～其弟子

0784 攘
- 1
- 攘：有司 3　乃～（讓）

0785 重 拜
- 501
- 有司 8　北面～送爵
- 士相 4　賓～送摯
- 特牲 16　主人再～稽首
- 少牢 30　尸～受
- 有司 7　北面～
- 特牲 6　賓～送

0786 推
- 1
- 有司 6　以右袂～拂几

0787 持
- 4
- 甲服 19　～重於大宗者
- 燕禮 18　～（待）于洗南

0788 挾
- 17
- 挾　泰射 89　～一个
- 泰射 51　右～之
- 挟　泰射 42　眾弓矢弗～
- 扶　泰射 93　～一个

0789 揗	0790 拊	0791 措	0792 擇	0793 授	0794 承	0795 撫
1	1	3	4	51	1	3
泰射69 以袂～（順）左右畏	泰射41 見鍭於～（弣）	泰射85 卒～（錯）	特牲48 栗～	少牢21 執敦稷以～主婦	少牢33 ～致	特牲26 右～祭
		特牲14 鼎西面～	泰射51 ～（釋）弓	泰射49 ～獲者		泰射55 左右～之
			泰射92 ～（釋）弓	士相14 而後～虛爵		泰射74 左右～之
				有司15 ～次賓		
				少牢38 ～尸		

0796 搔 1
- 有司1　～（埽）堂

0797 揚 2
- 燕禮39　～（媵）觚

0798 舉 60
- 特牲13　及佐食～牲鼎
- 特牲44　取～
- 甲服54　不～祭

0799 振 15
- 特牲24　～祭
- 特牲26　～祭
- 少牢30　～祭

0800 擩 16
- 有司44　～于醢
- 有司14　～于三豆
- 少牢30　～于俎鹽
- 特牲17　～醢
- 特牲24　～于監
- 特牲28　取肝～監

0801 失 2
- 甲服31　～地之君也
- 乙服19　～地之君也

0802 挩 18
- 甲服4　寢不～（說）經帶
- 有司38　坐～手
- 泰射54　～決拾

0803 拾 15

泰射51 ～決拾

泰射51 捝決～

泰射68 小射正奉決～以笴

泰射50 ～發以將乘矢

泰射69 贊執～

0804 擣 1

泰射42 ～（籌）豊

0805 摶 1

少牢32 ～之

0806 捲 1

泰射29 司宮兼～（卷）重席

0807 扱 4

有司16 ～（挹）汁

有司30 ～（挹）羊刑

少牢27 尸～以梱

0808 拂 3

泰射68 述～以巾

泰射69 以巾內～矢

0809
擊

2

少牢 2
右兼執犢以~筮

少牢 7
司士~豕

0810 新
摵

9

特牲 49
舌~（縮）俎

少牢 30
肝亦~（縮）

少牢 18
~（縮）載

有司 52
乃~（縮）執俎

0811
摭
2

有司 62
乃~（摭）干魚

泰射 35
乃~〈席〉工於西階上

𠦬部

0812
脊

24

少牢 9
正~一

特牲 51
正~二骨

少牢 29
受尸牢肺~

女部

0813
女

50

甲服 59
~子子

甲服 7
~子子

甲服 10
~（汝）以爲母

少牢 33
～孝孫

0814
姓

5

特牲 1
子～兄弟

特牲 4
子～兄弟

特牲 7
子～兄弟

0815
嫁

35

丙喪 10
未～者

甲服 44
女子子～者

甲服 44
成人而未～者也

甲服 14
繼母～

0816
娶

2

甲服 13
父必三年然后～

0817
妻

70

甲服 15
夫～

甲服 17
大夫之適子爲～

甲服 26
～則小君也

甲服 56
昆弟之～

0818
婦

187

有司 8
主～

甲服 41
適～

特牲 45
徹主～薦

（婦，續）
- 甲服 26　～爲咎姑
- 有司 31　主～荅拜
- 有司 36　主～入于房

0819 母
172
- 甲服 25　爲君之父～
- 甲服 13　爲外祖父～無服
- 甲服 50　外祖父～
- 甲服 52　庶～

0820 姑
37
- 甲服 27　～姊妹
- 甲服 26　與婦之事咎～等
- 甲服 50　夫之～姊妹

0821 姊
23
- 甲服 25　～妹
- 甲服 40　～妹
- 甲服 27　～妹

0822 妹
23
- 甲服 27　姊～
- 甲服 25　姊～
- 甲服 40　姊～

0823 嫂
2
- 㛮　甲服 42　是～亦可胃母也
- 乙服 25　是～亦可胃【母也】

0824 姪
4
- 甲服 41　～〃者何也
- 乙服 24　～〃者何也

0825 始

8

泰射 45 ~射竿

甲服 46 ~封之君

士相 11 ~視面

甲服 20 ~祖

0826 委

12

特牲 14 ~于鼎北

有司 44 西面坐~于西階西南

泰射 54 小臣坐~矢于楅

0827 如

203

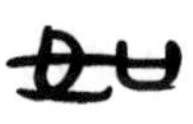
士相 12 終皆~（若）是

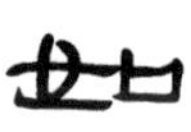
士相 13 ~（若）君賜之食

特牲 5 ~主人服

有司 4 陳鼎~初

燕禮 48 ~與四方之賓

泰射 96 左右卒射~初

甲服 11 死喪之三年~母

特牲 8 ~外位

有司 16 ~（若）是以授尸

有司 50 ~（若）是以辨

有司 64 皆~賓

泰射 72 揖~三偶

0828 重 侑

6

少牢 29 ~曰

特牲 19 祝~

少牢 28 屬~不拜

有司61

~亦如之

0829

嫖

1

丙喪19

~（澡）麻帶經

毋部

0830

毋

30

甲服10

妾之~（無）子者

泰射50

~獨護

特牲42

爵~（無）筭

泰射103

~（無）不醉

民部

0831

民

7

甲服33

言與~同也

甲服31

言與~同也

甲服32

言與~同也

丿部

0832 弗

10

甲服37—38 蓋～成也

泰射99 矢～挾

泰射37 ～祭

乀部

0833 也

481

士相7 某～

甲服1 不緦～

特牲47 雜常可～

士相12 請退可～

甲服4 大功之帶

甲服2 資衰之絰～

有司49 其眾儀～

甲服2 大功之帶～

甲服56 從服～

服53 然則何以服緦～

甲服2 小功之帶～

乙服37 錫者何～

戈部

0834 或

或

63

有司42 尸～（侑）

有司40 ～（侑）降

有司6 ～（侑）升

有司22 ～（侑）降

有司8 ～（侑）降

少牢29 皇尸未實～（侑）

0835 武

武

2

泰射2 竿不及地～

戒 士相16 ～舉前肆踵

我部

0836 我

我

5

燕禮33 以～安

甲服55 胃～咎者

甲服41 胃～姑者

0837 義

義

25

甲服16 故昆弟之～無分

特牲26 如主人～（儀）

甲服22 婦人有三從之～

泰射96 如初～（儀）

特牲3 如初～（儀）

琴部

0838

瑟

8

少牢 33
勿～（替）弓之

泰射 35
四～

泰射 36
左何～

乚部

0839

直

5

少牢 20
～（特）膚當相

泰射 48
～西

亾部

0840

無

79

甲服 13—14
則爲出～服

甲服 58
則～緦服

少牢 17
～腸胃

甲服 25
爲其～祭主也

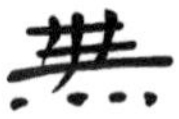

士相 14
君～爲興

甲服 23
子～大功之親

匸部

0841 匜

匜　1

- 特牲11　尸浣～水

0842 匪

匪　54

- 特牲25　反于～（篚）
- 有司48　爵于～（篚）
- 少牢38　易爵于～（篚）
- 特牲33　賓爵于～（篚）
- 匪　特牲42　賓散于～（篚）

0843 匰

匰　3

- 少牢23　一宗人奉～（簞）
- 特牲11　～（簞）巾

瓦部

0844 瓦

瓦　3

- 燕禮2　公尊～泰兩
- 少牢27　亦用～豆
- 少牢27　兩～豆

0845 甄

甄　16

- 特牲48　～（肵）心舌
- 少牢16　佐食遷～（肵）俎
- 少牢15　～（肵）俎

特牲19 加于～（肵）

特牲26 加于～（肵）

少牢43 徹～（肵）俎

少牢29 加于～（肵）

0846 甑 1

少牢7 廩人溉～

弓部

0847 弓 57

燕禮52 授～人

泰射40 執～

泰射42 賓之～矢與中

泰射58 執～

0848 張 1

泰射97—98 述命勝者執～弓

0849 彊 1

少牢33 多福無～

0850 引

1

弓　少牢 33　勿瑟～之

0851 發

8

發　泰射 45　泰矦再～

發　燕禮 52　既～

發　泰射 50　拾～以將乘矢

弦部

0852 弦

5

弦　泰射 36　內～

弦　泰射 41　右鉅指句～

弦　泰射 98　兼諸～

系部

0853 孫

31

孫　丙喪 19　適～

孫　少牢 1　孝～某

孫　甲服 18　適～

孫　甲服 29　適～爲士者

0854
繇

繇
2

少牢1
右～（抽）

少牢2
～（抽）下櫝

0855 重
由

由
11

燕禮31
～庚

泰射19
～左房

泰射45
～下物少退

第十三　糸部——力部

糸部

0856 純

7

泰射75—76　有餘～

泰射77　以～數告

泰射75　二筭爲～

0857 統

8

甲服19　尊之～也

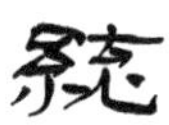

甲服20　尊者尊～上

特牲9　告～（充）

0858 納

6

甲服4　外～

少牢34　～諸内

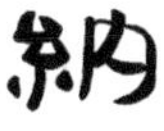

泰射41　命有司～射器

0859 絕

14

特牲28　坐～祭

有司18　坐～祭

甲服21　不可以～

0860 繼

21

甲服10　～母之配父

泰射34　～賓以西

泰射72　～射

泰射93　～柙取矢

0861 總

7

甲服 7　布～

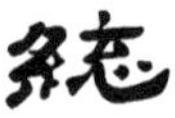
丙喪 31　布～

0862 結

1

士相 9　～于面

0863 緷

6

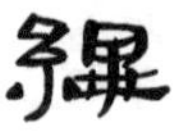
甲服 4　～（畢）段而灰

特牲 47　緇帶～（韠）

泰射 62　以弓爲～（畢）

0864 終

14

士相 12　～（眾）皆如是

甲服 60　～之也

甲服 14　貴～也

0865 練

4

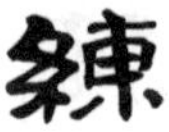
丙喪 27　～冠

甲服 57　～冠

0866 縓

7

乙服 36　麻衣～緣

甲服 57　衣～緣

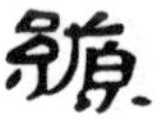
甲服 57　～冠

0867 緇

52

特牲 47　～帶

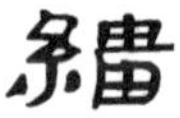
甲服 2　～麻之絰

甲服 53　何以服～也

甲服 54　何以～也

甲服 50　親之服皆～也

甲服 12　～小功

（續）
甲服56 何以~也
甲服58 童子雖當室~

0868 繻 7
泰射68 公朱~（襦）
特牲26 佐食~（挼）祭
少牢32 上佐食以~（挼）祭
特牲17 祝命~（挼）祭

0869 纓 12
乙服1 冠繩~
甲服12 冠布~
甲服3 繩~

0870 緌 1
特牲17 主人拜~（妥）尸

0871 綬 14
甲服12 冠其~（受）
甲服37 何以無~（受）也
乙服8 冠其~（受）

0872 繐 8
甲服48 ~者
甲服48 ~衰常
丙喪34 ~衰
乙服29 ~衰常

字號	字頭	數量	辭例
0873	緣	6	甲服12 帶～各視其冠；甲服57 麻衣縓～；乙服8 帶～各視其冠
0874	縷	4	甲服53 有事其～；甲服59 無事其～；乙服37 無事其～
0875 重	縉	3	甲服1 不～（緝）也；乙服1 不～（緝）也；乙服6 ～（緝）也
0876	繩	9	甲服8 ～菲也；甲服1 冠～纓；甲服3 ～帶也
0877	絇	1	丙喪32 幅三～（袧）
0878	維	3	泰射63 中離～剛；士相9 四～之
0879 重	繞	1	特牲12 主婦～（纚）枅
0880	絺	1	泰射5 若～

0881 經

43

甲服2 大功之～

甲服1 苴～

甲服31 牡麻～

甲服4 寝不挩～帶

0882 絜

1

特牲9 告～

0883 絰

6

乙服4 ～（髽）衰

甲服7 ～（髽）衰

甲服59 惡枅有首以～（髽）

素部

0884 素

1

乙服3 反～食

虫部

0885 雖

4

甲服58 童子～（唯）當室緦

甲服22 婦人～在外

蟲部

0886 重
蚤

1

士相 12
問曰之～（早）宴

二部

0887
二

67

特牲 52
～骨

特牲 11
～列

少牢 9
～骨

甲服 8
吉枅尺～寸

有司 6
～手衡執几

0888
亘

1

特牲 48
各～（亘）

0889
凡

20

士相 10
～燕見於君

特牲 50
～祝嘑

士相 12
～侍坐於君子

土部

0890 土

土　12

- 少牢 7　司～〈士〉擊豕
- 少牢 44　司～〈士〉
- 有司 11　司～〈士〉匕豕

0891 地

地　6

- 甲服 8　有～者也
- 乙服 5　有～者也
- 乙服 19　失～之君也

0892 重 塊

塊　2

- 甲服 4　寢蕈枕～
- 乙服 2　寢蕈枕～

0893 基

基　57

- 甲服 18　何以～（期）也
- 甲服 18　何以～（期）也
- 甲服 15　何以亦～（期）也
- 甲服 22　故服～（期）也
- 甲服 17　何以～（期）也
- 甲服 15　何以～（期）也
- 甲服 12　～（期）者

0894 堂

堂　31

- 特牲 50　北～東面
- 特牲 7　兩敦在西～
- **堂** 士相 10　君在～
- 特牲 47　南以～深

0895 坫 4

泰射38 東~之東南

坫 泰射66 東~上

泰射71 退鄭于~上

0896 在 124

特牲11 ~門内之右

甲服7 女子子~室爲父

有司18 鹽~右

有司9 昌~東

0897 坐 251

有司8 主人~取爵

特牲34 主人~祭

特牲32 ~祭

特牲23 ~祭

0898 封 9

甲服46 ~爲國君者

甲服46 ~君之子

乙服27 有~爲國君者

0899 壐 7

甲服20 則知尊~（禰）矣

燕禮4 鄉~（爾）卿

少牢26 佐食~（爾）上

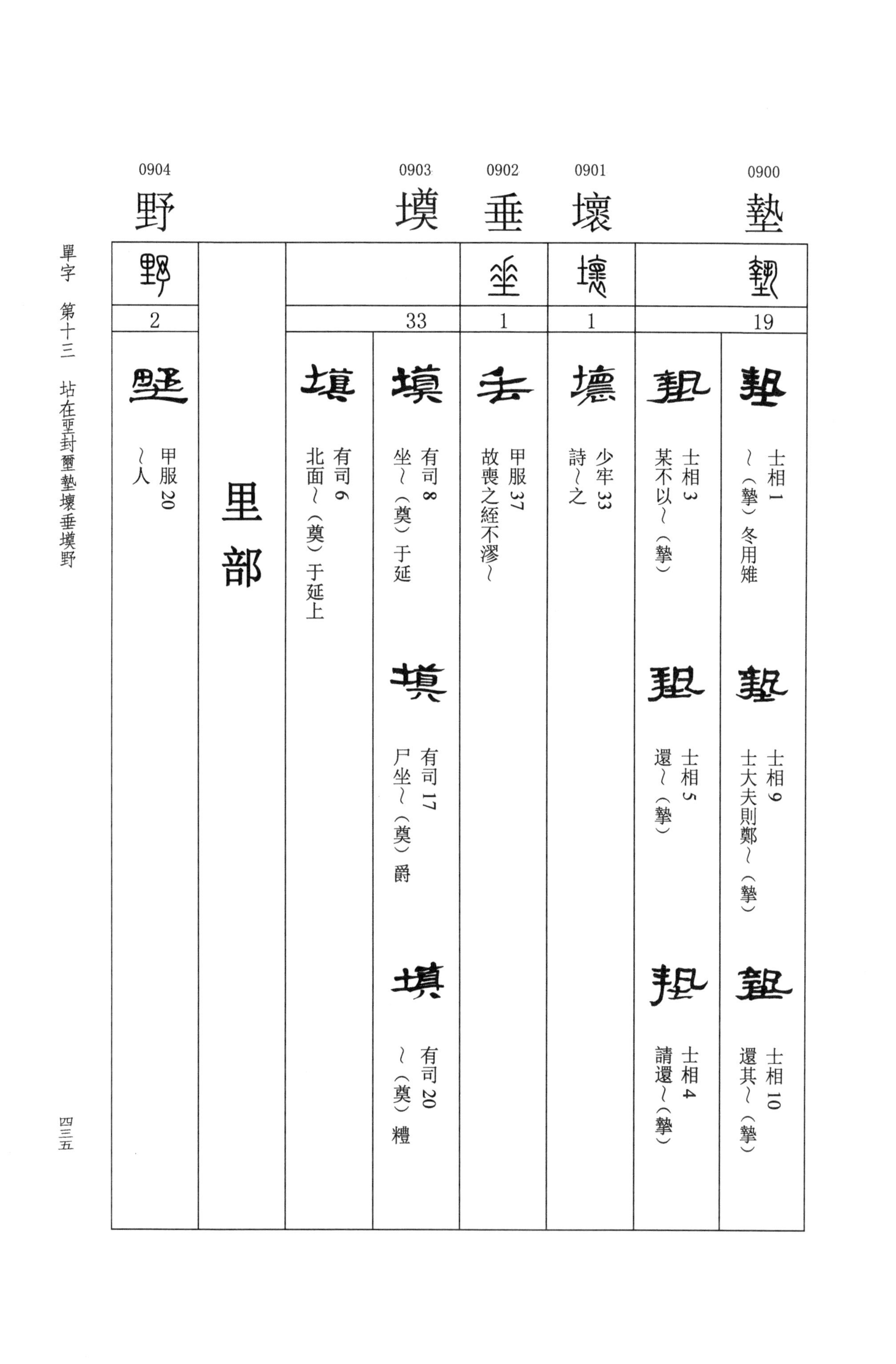

0900 墊

19

- 士相1　~（摯）冬用雉
- 士相3　某不以~（摯）
- 士相9　士大夫則鄭~（摯）
- 士相5　還~（摯）
- 士相10　還其~（摯）
- 士相4　請還~（摯）

0901 壞

1

- 少牢33　詩~之

0902 垂

1

- 甲服37　故喪之經不漻~

0903 塻

33

- 有司8　坐~（奠）于延
- 有司17　尸坐~（奠）爵
- 有司20　~（奠）觶
- 有司6　北面~（奠）于延上

里部

0904 野

2

- 甲服20　~人

田部

0905 田

1

少牢 33 宜稼于～

0906 甸

1

泰射 113 ～人執大燭於庭

0907 當

18

甲服 58 童子不～室

特牲 14 ～作階南面

少牢 20 直膚～俎北端

0908 畱

2

泰射 70 下曰～

黃部

0909 黃

1

特牲 47 ～常

男部

0910 男　2

甲服28 其～子爲大夫者也

乙服17 其～子爲大夫者也

0911 甥　5

甲服55 吾之～

丙喪25 ～聟

力部

0912 功　81

甲服2 小～之經

甲服12 小～

甲服37 大～布衰常

0913 勝　15

泰射81 不～者先降

泰射82 大夫不～

泰射98 不～者執施弓

0914 加　51

甲服58 ～一等

甲服15 不足以～尊焉

特牲24 ～于俎

泰射5 ～勺

0915 飭　1

士相8 ～（飾）之以布

第十四　金部——亥部

金部

0916 金 金 2

少牢20 執一～敦黍

0917 錫 錫 19

甲服58 ～衰

甲服58 麻有～也

甲服59 ～者

燕禮2 如～

0918 鍾 鍾 2

燕禮45 以賜～人

0919 錯 錯 3

特牲40 交～以辨

有司60 交～其州

有司76 交～與州

0920 錍 錍 1

泰射4 朔～〈鞞〉在其北

0921 **鈎** 鈎 3

- 泰射77 若左右～
- 泰射77 左右～

0922 **鉅** 鉅 1

- 泰射41 右～（巨）指句弦

0923 **鉇** 4

- 特牲49 執～（匜）者西面
- 少牢23 一宗人奉～（匜）水

0924 **鍭** 3

- 泰射98 面～（鏃）
- 泰射99 面～（鏃）

勹部

0925 **勹** 9

- 特牲48 加～
- 少牢13 司宮取二～于篚
- 少牢8 邊～爵
- 特牲33 加～
- 泰射5 加～

几部

0926 几

12

特牲 7 ～延

特牲 11 ～席陳于西堂

特牲 46 ～菲用延

少牢 12 設～

且部

0927 且

3

泰射 59 ～左瓌

泰射 92 ～左瓌

泰射 59 ～左瓌

0928 俎

63

有司 12 或～

有司 18 反于～

特牲 28 ～入執

少牢 44 資黍于羊～兩端

特牲 30 宗婦薦豆～

少牢 36 ～設于兩階之閒

少牢 35 祝祭～

有司 43 司士設～

有司 77 祝命佐食徹尸～

斤部

0929 所

59

甲服47 故君之～爲服

甲服29 父之～不降

甲服20 及其始祖之～自出

燕禮45 ～執脯

0930 斯

2

甲服7 近臣君服～服矣

0931 新

2

燕禮50 ～宮

泰射38 ～管

斗部

0932 升

253

特牲44 主人～酌

甲服4 衰三～

特牲14 主人～

少牢10 脾不～

少牢18 ～自作階

有司8 主人揖～

車部

0933 車 車 2

泰射87 巾～

泰射100 巾～

0934 載 載 29

特牲49 ～心立

少牢16 其～于甑

有司10 ～右醴

有司11 ～于南俎

有司13 ～于一俎

0935 軌 軌 1

特牲43 佐食分～（簋）刑

0936 斬 斬 20

甲服19 不貳～也

甲服26 然后爲祖後服～

甲服1 ～衰常

0937 輔 輔 2

乙服2 ～病也

甲服3 ～病也

自部

0938 官

7

少牢7 司～溉豆

少牢3 乃～戒

士相11 與居～者言

𠂤部

0939 陽

3

泰射63 ～（揚）觸

泰射70 上曰～（揚）

泰射48 南～（揚）弓

0940 隅

1

特牲46 西北～

0941 ⿰阝區

1

少牢12 司宮延于～（奥）

0942 降

223

有司7 或～

甲服19 ～其小宗也

少牢43 ～執于堂下

甲服27 不敢～其祖也

0943 隱

1

隐 士相14 ～辟而後屨

0944 陳 16

有司 1 ～鼎于門外

泰射 3—4【皆南】～

泰射 5 南～

少牢 8 雍人～鼎

0945 陶 5

甲服 53 十五升～（抽）其半

甲服 59 十五升～（抽）其半

0946 除 7

特牲 14 ～密

甲服 48 既葦～之者

甲服 57 皆既葦～之

0947 階 175

少牢 16 作～西

特牲 31 主人降作～

少牢 8 作～東南

特牲 9 宗人升自西～

0948 阼 5

有司 34 主婦北面于～階上

有司 12 ～俎

有司 3 主人先升自～階

0949 陔 1

泰射 113 奏～

四部

0950 四

22

特牲19 ～豆

特牲47 ～觗

少牢31 取～敦黍稷

少牢43 乃～饌

0951重 三

1

泰射1背 第十～

叕部

0952 綴

1

泰射5 ～諸箸

五部

0953 五

35

少牢18 十有～而俎

甲服59 十～升陶其半

有司11 膚～

少牢 47 二千九百～十四字

甲服 49 ～月者

甲服 50 ～月者

六部

0954 六

12

丙喪 33 長～寸

泰射 35 工～人

甲服 38 十～

七部

0955 七

7

有司 61 魚～

丙喪 34 綬冠～升

九部

0956 九

13

甲服 38 年十～

甲服 40 ～月者

少牢 18 膚～而俎

内部

0957 禽
2
乙服12 ～獸
甲服19 ～獸

0958 萬
1
少牢33 牛壽～年

嘼部

0959 獸
5
甲服19 禽～
特牲7 實～于其上
特牲19 舉～乾

乙部

0960 乾
3
特牲19 佐食舉～（幹）
特牲19 舉獸～（幹）

丁部

0961 丁
5
少牢1 日用～己
少牢1 來～亥

戊部

0962
成

25

甲服16
則不～爲子

甲服36
～人而未嫁者也

甲服37—38
蓋弗～也

己部

0963
己

5

甲服51
君子爲庶母慈～者

少牢1
日用丁～

庚部

0964
庚

1

燕禮31
由～

辛部

0965
辤

66

有司47
賓～

特牲31
賓～

士相3
某固～

士相 8 敢固～

士相 15 則～

士相 15 ～不得命

有司 40 主人壙觚于匪～

特牲 34 賓～

辡部

0966

辯

1

士相 10 必～君之南面

子部

0967

子

307

甲服 7 昆弟之～

少牢 6 比於～

泰射 14 諸～

士相 12 君～吹申

甲服 16 ～不私父

泰射 44 其御於～

0968

字

6

士相 16 凡千二十～

特牲 53 凡三千四百卌～

泰射 114 凡六千八百五十八～

0969 季

2

- 特牲 23 卦于～指
- 少牢 34 卦于～指

0970 孤

1

- 丙喪 30 宗子～爲殤

0971 疑

1

- 士相 10 不～君

厶部

0972 疏

18

- 踈 有司 16 ～朼
- 甲服 31 ～衰常資
- 甲服 4 食～食
- 有司 5 ～匕

丑部

0973 羞

49

- 特牲 19 佐食～庶羞四豆
- 特牲 42 徹庶～
- 有司 17 司馬～羊肉汁

有司22　次賓～羊燔
有司26　司馬～羊肉汁
有司32　主婦～臬

有司33　次賓～豕燔
有司38　次賓～羊燔
有司41　宰夫～

辰部

0974
辱
9

士相2　不足以～命
士相4　鄉者吾子～
燕禮46　君無所～錫于使臣

巳部

0975
巳
3

乙服19　士焉而～（已）者
甲服32　士焉而～（已）者
乙服3　夕一哭而～（已）矣

0976
㠯
469

以　甲服1　去五分一～爲帶
甲服6　必～尊服〓之
少牢2　～其肥肥某是

有司4　廡府執二匕～從
少牢3　～其肥肥某是
有司17　執爵～興

午部

0977 午

5

特牲48 ～創之

少牢15 ～割勿没

申部

0978 申

2

士相12 君子吹～（伸）

0979 臾

2

燕禮46 須～

燕禮47 須～

酉部

0980 酒

73

有司44 祭～

特牲44 祭～

特牲25 啐～

特牲10—11 玄～在西

0981
配
2
- 甲服10　繼母之~父

0982
酌
92
- 有司8　~獻尸
- 少牢30　北面~酒
- 特牲15　~鄭于刑南
- 有司36　尸~
- 特牲45　升~
- 少牢36　主人~
- 少牢37　出~
- 泰射110　執膳爵者~以進公
- 少牢21　祝~鄭

0983
醉
5
- 燕禮35　無不~
- 泰射103　敢不~
- 泰射113　賓~

0984
酢
5
- 泰射19—20　~于作階下
- 特牲29　酌~（醋）
- 特牲35　更爵~
- 特牲26　~如主人義

0985
醬
2
- 特牲19　有~
- 少牢27　有~

0986 醢

15

少牢35 薦兩豆葅～

有司73 擩于～

燕禮31 辨有脯～

特牲23 執葅～

醢 少牢19 湛～

少牢19 執葵葅～

0987 酳

4

⿰酉冃 特牲44 ～有與也

特牲44 ～下選

特牲44 ～上選

⿰酉肖 少牢30 乃～尸

0988 酭

13

有司9 ～（醢）以授主婦

有司20 主婦薦韭葅～（醢）

有司20 ～（醢）在南方

有司8 葅～（醢）

有司43 脯～（醢）

0989 ⿰酉典

4

燕禮46 不～（腆）

燕禮47 有不～（腆）酒

酉部

0990 重

尊

84

甲服45 ～同也

特牲10 ～于户東

特牲48 明日卒～〈奠〉

甲服19 ～之統也

少牢13 加二勺于二～

甲服45 ～同則服其親服

泰射10 立于～南

特牲46 入一～

亥部

0991

亥

5

少牢1 來丁～

少牢4 來丁～

筆畫序檢字表

一　本檢字表，供檢索《武威漢簡字形譜》單字的所有字頭和字頭下的俗寫異體用，由此可檢閱到相關字頭下的全部內容。

二　表中被檢字首先按筆畫排列，筆畫相同的字再按筆順（一、丨、丿、丶、乙）之序排列。

三　每一字頭之後是該字在字形譜中的字頭序號——四位阿拉伯數字或四位阿拉伯數字加「重」，或四位阿拉伯數字加「新」。例如：「丁　0962」，表示「丁」的字頭序號爲「0962」。

四　字形相同但屬於不同字頭者，其字頭序號置於同一字形之後。

五　鑒於有些字頭和字頭下的俗寫異體較爲生僻，爲便於檢索，本檢字表專門列出了與這些生僻字所對應的通行體，即通過檢索某一生僻字所對應的通行體，也可檢索到該生僻字。具體詳《凡例》第十四條。

一畫
一　0001
二畫
二　0887
十　0137
丁　0961
七　0955
八　0051
入　0375
人　0548
匕　0580
几　0926
九　0956
乃　0334
又　0184
三畫
三　0016
干　0133
于　0338
亏　0338
士　0021
工　0329
土　0890
下　0005重
寸　0205
丈　0138
大　0698
上　0003重
小　0049
巾　0539
山　0649
千　0139
个　0576
及　0187
夕　0488
凡　0889
勺　0925
之　0437
尸　0612
弓　0847
　　0850
己　0963
巳　0975
子　0967
也　0833
女　0813
四畫
亖　0951重
井　0354
天　0002
夫　0708
木　0394
五　0953
支　0196
不　0762
太　0751重
友　0191
比　0583
切　0295
瓦　0844
止　0086
少　0050
曰　0330
日　0469
中　0022
内　0376
水　0722
牛　0058
手　0781
午　0977
毛　0611
升　0932
反　0188
父　0186
分　0052
公　0055
乏　0093
月　0483
戶　0766
勿　0669
丹　0353
六　0954
方　0622
心　0714
尺　0616
弔　0575
引　0850
以　0976
毋　0830
五畫
示　0006
末　0408
正　0092
功　0913
去　0351
世　0142
古　0136
本　0407
刌　0296
可　0335
左　0328
右　0185

布 0545
夳 0751重
匜 0841
北 0584
占 0222
目 0225
旦 0476
且 0927
申 0978
由 0855重
田 0905
史 0194
兄 0623
㠯 0976
四 0950
生 0442
矢 0377
失 0801
付 0562
代 0566
白 0546
乎 0337
用 0223
句 0135
外 0490
冬 0755
主 0352
市 0383
立 0709
玄 0250
半 0057
汁 0744
必 0056
司 0640
尻 0614
民 0831
弗 0832
出 0439
召 0072
加 0914
母 0819
幼 0249

六畫

㓝 0355
刑 0355
寺 0206
吉 0075
老 0608
扱 0807
迁 0095
地 0891
耳 0775
共 0172
朼 0433
亘 0888
匡 0842
臣 0201
再 0248
西 0764
在 0896
百 0231
有 0486
而 0670
灰 0694
列 0299
死 0256
成 0962
至 0763
此 0091
同 0535
吃 0077
因 0447
肉 0259
年 0501
先 0624
舌 0132
竹 0313
休 0431
伓 0577
伐 0571
延 0122
自 0228
似 0568
后 0639
行 0123
合 0372
旬 0645
名 0068
各 0079
多 0491
亦 0699
交 0700
衣 0592
次 0630
亥 0991
羊 0239
并 0582
米 0510
州 0754
汙 0742
汮 0731
字 0968

安 0517
收 0219
[阝+市] 0438
如 0827
羽 0233

七畫

戒 0170
走 0083
扶 0788
折 0040重
孝 0610
志 0715
却 0642
卌 0141
芼 0032
杖 0422
求 0607重

車 0933
更 0216
束 0444
吾 0069
豆 0342
豕 0671
步 0089
見 0625
足 0126
男 0910
吹 0067
邑 0464
別 0257
牡 0059
告 0065
我 0836
利 0291

私 0499
每 0023
何 0554
佐 0578
但 0572
作 0564
伯 0550
位 0557
身 0590
近 0108
坐 0897
肝 0265
甸 0906
免 0579
角 0305
肥 0285
迎 0100

言 0143
序 0657
弟 0392
沃 0739
没 0741
決 0737
牢 0063
初 0292
祀 0012
君 0070
即 0356
尾 0617
改 0215
阼 0948
姊 0821
矣 0382

八畫

奉 0169
武 0835
長 0667
封 0301
卦 0221
[圭+力] 0301
坫 0895
抶 0788
拊 0790
者 0230
拂 0808
其 0327重
取 0190
[艹+示] 0046
若 0037
苴 0038
苟 0041

直 0839
茅 0028
枅 0417
枇 0399
析 0428
枋 0402
述 0096
枕 0419
東 0436
或 0834
事 0195
刺 0302
兩 0536
奇 0336
剌 0302
來 0388
妻 0817

非 0760
叔 0189
尚 0054
具 0171
果 0409
昆 0475
昌 0473
門 0769
易 0673
呫 0080
固 0448
忠 0717
知 0381
垂 0902
物 0064
季 0969
委 0826

侍 0561
使 0569
侑 0828重
侠 0563
臾 0979
依 0560
卑 0193
所 0929
舍 0373
金 0916
命 0071
采 0425
受 0252
乳 0761
念 0718
肺 0263
肫 0261

肵 0286
股 0620
肥 0285
服 0621
周 0076
狗 0685
咎 0573
享 0385重
夜 0489
府 0653
卒 0606
庚 0964
迡 0711重
妾 0165
刻 0297
於 0244重
況 0730

注 0738
泣 0752
治 0727
宗 0531
宜 0523
官 0938
肩 0269重
房 0767
建 0121
居 0613
弦 0852
承 0794
孤 0970
降 0942
陔 0949
妹 0822
姑 0820

姓 0814
始 0825

九畫

奏 0707
戒 0835
持 0787
封 0898
埶 0183
挾 0788
政 0213
拾 0803
指 0782
某 0406
革 0177
草 0044
荅 0025
故 0212

胡 0278
南 0441
枯 0411
柄 0423
相 0227
柤 0418
柙 0432
柶 0421
柧 0427
柱 0415
軌 0935
面 0635
皆 0229
韭 0514
削 0290
肖 0525
是 0094

則 0293
明 0487
禺 0648
昨 0472
曷 0331
畏 0647
胃 0266
骨 0258
拜 0785重
牲 0062
科 0506
重 0587
竿 0320
段 0202
俠 0563
信 0150
皇 0017

侯 0552
待 0115
後 0118
俎 0928
卻 0642
食 0359
矦 0379
負 0458
度 0192
庭 0655
帝 0336
施 0478
送 0104
前 0087
首 0636
洗 0746
洫 0736

恃 0720
室 0516
客 0529
冠 0534
削 0303
扁 0768
衽 0594
袂 0598
祖 0013
祝 0014
退 0117重
既 0357
胥 0282
除 0946
姪 0824
蚤 0886重
柔 0412

十畫

泰 0750
秦 0504
素 0884
匪 0842
馬 0675
振 0799
挾 0788
都 0465
捝 0802
堊 0897
桐 0405
栝 0420
桃 0395
索 0440
曺 0333
鬲 0178

栗 0492
酌 0982
配 0981
辱 0974
夏 0390
盍 0347重
殊 0254
致 0389
晉 0471
[illegible] 0087
時 0470
畢 0247
財 0450
員 0449
哭 0081
剛 0294
特 0060

乘 0393
笄 0318
倚 0559
俶 0553
條 0410
脩 0280
射 0378重
師 0438
徒 0095
徐 0114
般 0620
殺 0204
脡 0287
胳 0270
胲 0274
脇 0268
卿 0643

留 0908
記 0155
衰 0605
席 0544
病 0533
脊 0812
竝 0713
旁 0004
旅 0480
羞 0973
羿 0251
兼 0508
朔 0484
酒 0980
浣 0748重
家 0515
宵 0525
宴 0518
宮 0532
容 0520
宰 0522
宭 0521
祛 0597
祖 0604
袍 0596
被 0602
書 0198
陳 0944
孫 0853
陶 0945
胥 0276
烝 0693
㛐 0823
脅 0268
能 0690
純 0856
納 0858

十一畫

措 0791
焉 0246
推 0786
授 0793
執 0705
捲 0806
基 0893
娶 0816
菁 0027
菲 0042
菩 0047
菹 0036
菅 0029
乾 0960
梧 0403
桓 0343
棆 0416
斬 0936
專 0208
曹 0333
粟 0492
帶 0541
盛 0346
虛 0585
堂 0894
常 0542
販 0461
野 0904
問 0073
異 0173
國 0446
唯 0074
啐 0078
眾 0586
嵭 0651
崩 0651
崇 0652
朙 0487
過 0098
笙 0321
符 0316
笥 0319
第 0325
敏 0211
偶 0574
貨 0451
進 0099
倚 0559
梟 0511
假 0565
術 0124
條 0410
脩 0280
得 0119
從 0581
鉈 0923
欲 0628
飢 0367
脯 0279
脰 0262
魚 0757
象 0674
觖 0312
祭 0011

許 0145
設 0153
孰 0182
庶 0660
麻 0513
庸 0224
鹿 0680
誁 0712
商 0134
族 0481
盖 0035
敝 0547
渼 0739
淖 0735
淳 0747
涫 0743
深 0724

寄 0530
宿 0526
密 0650
啟 0209
移 0600
視 0626
晝 0199
殽 0253重
敢 0253重
張 0848
將 0207
階 0947
陽 0939
隅 0940
隐 0943
婦 0818
習 0232

參 0482重
鄉 0468
約 0877
終 0864

十二畫

貳 0459
絜 0882
越 0085
賁 0454
揚 0797
揖 0783
博 0140
葴 0283
塊 0892重
揗 0789
達 0106
報 0706

壹 0703
壺 0702
搔 0796
惡 0721
斯 0930
期 0485
黄 0909
散 0284
葢 0035
葷 0048
葬 0048
畱 0908
募 0543
萬 0958
葛 0030
葆 0043
敬 0646

朝 0477
喪 0082
葵 0026
棫 0397
桴 0434
椐 0398
極 0414
棗 0494
棘 0495
酢 0984
厥 0663
晉 0332
堂 0894
量 0588
鼎 0497
閒 0771
閔 0773

貴 0463
幅 0540
黑 0696
甥 0911
無 0840
短 0380
稍 0503
黍 0509
等 0315
備 0556
順 0634
衆 0586
御 0120
復 0112
假 0116
須 0638
舒 0251

鉅 0922
鈞 0921
殺 0203
禽 0957
爲 0181
創 0304重
飭 0915
飯 0362
飲 0631
腊 0474重
腴 0273
脾 0264
勝 0913
猶 0688
觚 0311
然 0691
詛 0156
詐 0157
詘 0159
詔 0151
就 0384
敦 0218
童 0164
桀 0435
善 0163重
尊 0990重
道 0110
遂 0107
曾 0053
湛 0740
滑 0733
游 0479
溉 0726
割 0300
寑 0527
寄 0530
禄 0008
粥 0179
疏 0972
嫂 0823
發 0851
結 0862
經 0881
絖 0879重
絶 0859
絞 0701
統 0857

十三畫

瑟 0838
肆 0668
載 0934
遠 0109
鼓 0341
摦 0811
幕 0543
禁 0015
楅 0430
嗇 0387
郤 0641
楄 0429
楹 0416
甄 0845
酭 0988
殤 0255
雷 0756
歲 0090
棗 0492
虞 0345
當 0907
睢 0226
遺 0105
豊 0344
嗣 0129
睪 0704
置 0537
雉 0234
稚 0507
筭 0324
筵 0317
與 0174
傳 0570
微 0113
衙 0307
會 0374
飽 0364
腸 0267
膓 0288
肆 0197重
解 0308
詩 0148
詑 0161
裏 0593
廉 0659
資 0452
新 0931
雍 0236
義 0837
慈 0719
滅 0753
溜 0725
愼 0716
寑 0728

福 0009
羣 0240
辟 0644
隔 0941
嫁 0815
絓 0883
絺 0880

十四畫

禒 0200
摶 0805
摵 0810新
嘉 0340
墊 0901
壽 0609
蔀 0045新
槫 0401
梓 0396重

輔 0937
歌 0629
匱 0843
監 0589
酳 0987
酮 0987
醓 0986
酭 0987
厭 0664
對 0167重
嘗 0339
聞 0778
踈 0972
鳴 0243
舞 0391
晢 0780
稱 0505

熏 0024
管 0323
僕 0168
衕 0210
貍 0672
膌 0275
疑 0971
䚩 0310重
誌 0160新
說 0152
廣 0658
廡 0662
端 0710
適 0097
齊 0493
養 0361
粿 0511

粮 0511
鄭 0467
滎 0404
滿 0732
漻 0729
賓 0460
寡 0528
實 0519
盡 0349
屢 0615新
綏 0870
維 0878
綬 0871
綴 0952
緇 0867

十五畫

隸 0668

撫 0795
墣 0903
穀 0502
蕈 0031
蕉 0039
橫 0426
槭 0400
賢 0453
遷 0101
[illegible] 0989
醉 0983
鴈 0242
殤 0255
齒 0125
膚 0260重
賤 0462
賜 0456

數 0214
踐 0127
噐 0131
稽 0443
稷 0500
稼 0498
牖 0496
儇 0551
儋 0555
儀 0567
樂 0424
徹 0210
鍭 0924
辤 0965
餘 0365
歆 0631
膝 0641

獨 0689
請 0144
諸 0147
諾 0146
論 0149
廟 0661
廩 0386重
廡 0656
麃 0682
寫 0524
履 0619
選 0103
駕 0676
練 0865
緣 0873

十六畫

璩 0018
擇 0792
磬 0666
誰 0245重
燕 0759
薦 0679
薄 0033
鞘 0477
樲 0400
散 0284
盧 0348
對 0166
縣 0637
踵 0128
器 0131
還 0102
圜 0445
築 0413
箸 0326
舉 0798
興 0175
盥 0350
學 0220重
儒 0549
衡 0307
錯 0919
錫 0917
錍 0920
膴 0281
膳 0277
鮒 0758
獲 0686
諹 0162
褱 0599
廩 0386重
𠪚 0684
親 0627
辨 0298
糗 0511
甑 0846
燔 0692
澡 0745
澤 0734
彊 0849
隱 0943
縓 0866
縪 0863

十七畫

環 0019
繇 0200
肆 0668
擣 0804
擩 0800
趨 0084
擯 0558重
聲 0777
藉 0034
藿 0237
舊 0238
隸 0200
擊 0809
醢 0986
壐 0899
骸 0214
雖 0885
嚌 0066
與 0176
鍾 0918
斂 0217
爵 0358
餽 0366
體 0289
廪 0681
燭 0695
濯 0749
禮 0007
臂 0271
嬠 0829
縷 0874
總 0861
繆 0875重

十八畫

聶 0779
覆 0538
闔 0770
闉 0774

鵠　0241
簜　0314
礐　0665
㸑　0176
邊　0111
邉　0111
歸　0088
餺　0368
臑　0272
繇　0854
雜　0603
離　0235
齋　0010
醬　0985
繐　0872
雛　0236

十九畫

騷　0677
壞　0901
麗　0683
關　0772
獸　0959
犢　0061
贊　0455
簫　0322
觶　0309
頷　0632
廬　0654
羹　0180重
⿰米豊　0512
襦　0601
繩　0876

二十畫

鄷　0466
環　0020
攘　0784
獻　0687
黨　0697
嚌　0066
體　0591
饌　0360重
騰　0678
觸　0306
護　0154
贏　0457
灌　0723
饗　0363
繻　0868
繼　0860

二十一畫

囂　0130
饍　0369
饑　0370
辯　0967
顧　0633
屬　0618

二十二畫

聽　0776
鬻　0179

二十三畫

靁　0756
饡　0371
襲　0595
纓　0869

二十四畫

鹽　0765
顯　0632
讓　0158

三十畫

爨　0176

《説文》序檢字表

一　本檢字表，供檢索《武威漢簡字形譜》單字的所有字頭和字頭下的俗寫異體用，由此可檢閲到相關字頭下的全部内容。

二　表中被檢字見於《説文》者，按大徐本《説文》字序排列，分别部居；未見於《説文》者，按偏旁部首附於相應各部後。

三　每一字頭之後是該字在字形譜中的字頭序號——四位阿拉伯數字或四位阿拉伯數字加「重」，或四位阿拉伯數字加「新」。例如：「丁　0962」表示「丁」的字頭序號爲「0962」。

四　字形相同，但分屬於不同字的異體者，分别與相應字頭同序號，置於字頭之後。

一部
一 0001
天 0002
丄部
上 0003重
旁 0004
下 0005重
示部
示 0006
禮 0007
禄 0008
福 0009
齋 0010
祭 0011
祀 0012
祖 0013
祝 0014

禁 0015
三部
三 0016
王部
皇 0017
玉部
瑑 0018
瓌 0019
環 0020
士部
士 0021
丨部
中 0022
屮部
每 0023
熏 0024
艸部

荅 0025
葵 0026
菁 0027
茅 0028
菅 0029
葛 0030
蕈 0031
芼 0032
薄 0033
藉 0034
葢 0035
盖 0035
菹 0036
若 0037
苴 0038
蕉 0039
折 0040重

苟 0041
菲 0042
葆 0043
草 0044
薌 0045新
荥 0046
莕 0047
茻部
葬 0048
塟 0048
小部
小 0049
少 0050
八部
八 0051
分 0052
曾 0053

尚 0054
公 0055
必 0056
半部
半 0057
牛部
牛 0058
牡 0059
特 0060
犢 0061
牲 0062
牢 0063
物 0064
告部
告 0065
口部
嚌 0066

嚌 0066
吹 0067
名 0068
吾 0069
君 0070
命 0071
召 0072
問 0073
唯 0074
吉 0075
周 0076
吃 0077
啐 0078
各 0079
呫 0080
哭部
哭 0081

喪 0082
走部
走 0083
趨 0084
越 0085
止部
止 0086
歬 0087
前 0087
歸 0088
步部
步 0089
歲 0090
此部
此 0091
正部
正 0092
乏 0093
是部
是 0094
辵部
辻 0095
徒 0095
述 0096
適 0097
過 0098
進 0099
迎 0100
遷 0101
還 0102
選 0103
送 0104
遣 0105
達 0106
遂 0107
近 0108
遠 0109
道 0110
邉 0111
邊 0111
彳部
復 0112
微 0113
徐 0114
待 0115
假 0116
退 0117重
後 0118
得 0119
御 0120
廴部
建 0121
延部
延 0122
行部
行 0123
術 0124
齒部
齒 0125
足部
足 0126
踐 0127
踵 0128
冊部
嗣 0129
㗊部
囂 0130
器 0131
嚚 0131
舌部
舌 0132
干部
干 0133
㕯部
商 0134
句部
句 0135
古部
古 0136
十部
十 0137
丈 0138
千 0139
博 0140
卅 0141
卅部
世 0142
言部
言 0143
請 0144
許 0145
諾 0146
諸 0147
詩 0148
論 0149
信 0150
詔 0151
説 0152
設 0153
護 0154
記 0155
詛 0156

詐　0157
讓　0158
詘　0159
誌　0160新
詫　0161
諹　0162
誩部
善　0163重
䇂部
童　0164
妾　0165
丵部
對　0166
對　0167重
菐部
僕　0168
廾部
奉　0169
戒　0170
具　0171
共部
共　0172
異部
異　0173
舁部
與　0174
興　0175
爨部
爨　0176
爨　0176
爨　0176
革部
革　0177
鬲部
鬲　0178
䰜部
鬻　0179
粥　0179
羹　0180重
爪部
爲　0181
丮部
孰　0182
埶　0183
又部
又　0184
右　0185
父　0186
及　0187
反　0188
叔　0189
取　0190
友　0191
度　0192
𠂇部
卑　0193
史部
史　0194
事　0195
支部
支　0196
𦘒部
肄　0197重
聿部
書　0198
畫部
畫　0199
隶部
隸　0200
隸　0200
隸　0200
臣部
臣　0201
殳部
段　0202
殹　0203
殺部
殺　0204
寸部
寸　0205
寺　0206
將　0207
專　0208
攴部
啟　0209
徹　0210
衛　0210
敏　0211
故　0212
政　0213
數　0214
髏　0214
改　0215
更　0216
斂　0217
敦　0218
收　0219
教部
學　0220重
卜部
卦　0221
占　0222

用部
用 0223
庸 0224
目部
目 0225
睢 0226
相 0227
自部
自 0228
白部
皆 0229
者 0230
百 0231
習部
習 0232
羽部
羽 0233

隹部
雉 0234
離 0235
雝 0236
雍 0236
雈部
雚 0237
舊 0238
羊部
羊 0239
羣 0240
鳥部
鵠 0241
鴈 0242
鳴 0243
烏部
於 0244重

䧿 0245重
焉 0246
𠦒部
畢 0247
冓部
再 0248
幺部
幼 0249
玄部
玄 0250
予部
舒 0251
羿 0251
𠬪部
受 0252
𣪋 0253重
敢 0253重

歺部
殊 0254
殤 0255
殤 0255
死部
死 0256
冎部
別 0257
骨部
骨 0258
肉部
肉 0259
膚 0260重
肫 0261
脰 0262
肺 0263
脾 0264

肝 0265
胃 0266
腸 0267
脅 0268
脇 0268
肩 0269重
胳 0270
臂 0271
臑 0272
腴 0273
胲 0274
膌 0275
脊 0276
膳 0277
胡 0278
脯 0279
脩 0280

脩 0280
膴 0281
胥 0282
胾 0283
散 0284
散 0284
肥 0285
肥 0285
肵 0286
脡 0287
𦝫 0288
𦢊 0289
刀部
削 0290
利 0291
初 0292
則 0293

剛　0294
切　0295
刌　0296
刻　0297
辨　0298
列　0299
割　0300
刲　0301
劫　0301
刺　0302
刾　0302
剈　0303
刃部
創　0304重
角部
角　0305
觸　0306
衡　0307
衡　0307
解　0308
觶　0309
觵　0310重
觚　0311
觗　0312
竹部
竹　0313
簜　0314
等　0315
符　0316
笹　0317
笄　0318
笥　0319
竿　0320
笙　0321
簫　0322
管　0323
箅　0324
第　0325
簪　0326
箕部
其　0327重
左部
左　0328
工部
工　0329
曰部
曰　0330
曷　0331
朁　0332
曹　0333
曺　0333
乃部
乃　0334
可部
可　0335
奇　0336
竒　0336
兮部
乎　0337
亏部
亐　0338
于　0338
旨部
嘗　0339
壴部
嘉　0340
鼓部
鼓　0341
豆部
豆　0342
梪　0343
豊部
豊　0344
虍部
虞　0345
皿部
盛　0346
盇　0347重
盧　0348
盡　0349
盥　0350
去部
去　0351
丶部
主　0352
丹部
丹　0353
井部
井　0354
𠛬　0355
皀部
即　0356
既　0357
鬯部
爵　0358
食部
食　0359
饌　0360重
養　0361
飯　0362
饗　0363
飽　0364

餘 0365
餽 0366
[illegible] 0367
餺 0368
餠 0369
[illegible] 0370
[illegible] 0371
亼部
合 0372
舍 0373
會部
會 0374
入部
入 0375
内 0376
矢部
矢 0377
射 0378重
矦 0379
短 0380
知 0381
矣 0382
冂部
市 0383
京部
就 0384
亯部
享 0385重
㐭部
廩 0386重
廪 0386重
嗇部
嗇 0387
來部
來 0388
夊部
致 0389
夏 0390
舛部
舞 0391
弟部
弟 0392
桀部
乘 0393
木部
木 0394
桃 0395
梓 0396重
棫 0397
椐 0398
枇 0399
槭 0400
樲 0400
樿 0401
枋 0402
梧 0403
榮 0404
桐 0405
某 0406
本 0407
末 0408
果 0409
條 0410
條 0410
枯 0411
柔 0412
築 0413
極 0414
柱 0415
楹 0416
棆 0416
枅 0417
柤 0418
枕 0419
枱 0420
柶 0421
杖 0422
柄 0423
欒 0424
采 0425
横 0426
柧 0427
析 0428
楄 0429
楅 0430
休 0431
柙 0432
朼 0433
棦 0434
桀 0435
東部
東 0436
之部
之 0437
帀部
師 0438
[illegible] 0438
出部
出 0439
𣎵部
索 0440
南 0441

生部
生 0442
稽部
稽 0443
束部
束 0444
囗部
圜 0445
國 0446
因 0447
固 0448
員部
員 0449
貝部
財 0450
貨 0451
資 0452
賢 0453
賁 0454
贊 0455
賜 0456
贏 0457
負 0458
貳 0459
賓 0460
販 0461
賤 0462
貴 0463
邑部
邑 0464
都 0465
酆 0466
鄭 0467
𨛜部
鄉 0468
日部
日 0469
時 0470
晉 0471
昨 0472
昌 0473
腊 0474重
昆 0475
旦部
旦 0476
倝部
韓 0477
朝 0477
㫃部
施 0478
游 0479
旅 0480
族 0481
晶部
參 0482重
月部
月 0483
朔 0484
期 0485
有部
有 0486
朙部
朙 0487
明 0487
夕部
夕 0488
夜 0489
外 0490
多部
多 0491
𠧪部
㮚 0492
栗 0492
栗 0492
齊部
齊 0493
束部
棗 0494
棘 0495
片部
牖 0496
鼎部
鼎 0497
禾部
稼 0498
私 0499
稯 0500
年 0501
穀 0502
稍 0503
秦 0504
稱 0505
科 0506
稚 0507
秝部
兼 0508
黍部
黍 0509
米部
米 0510
糗 0511
臬 0511

粮 0511
粿 0511
醴 0512
麻部
麻 0513
韭部
韭 0514
宀部
家 0515
室 0516
安 0517
宴 0518
實 0519
容 0520
宭 0521
宰 0522
宜 0523

寫 0524
宵 0525
肖 0525
宿 0526
寑 0527
寡 0528
客 0529
寄 0530
寄 0530
宗 0531
宮部
宮 0532
疒部
病 0533
冖部
冠 0534
冃部

同 0535
㒳部
兩 0536
网部
置 0537
襾部
覆 0538
巾部
巾 0539
幅 0540
帶 0541
常 0542
幕 0543
幕 0543
席 0544
布 0545
白部

白 0546
㡀部
敝 0547
人部
人 0548
儒 0549
伯 0550
儇 0551
俟 0552
俶 0553
何 0554
儋 0555
備 0556
位 0557
擯 0558重
倚 0559
倚 0559

依 0560
侍 0561
付 0562
俠 0563
侠 0563
作 0564
假 0565
代 0566
儀 0567
似 0568
使 0569
傳 0570
伐 0571
但 0572
咎 0573
偶 0574
弔 0575

个 0576
伓 0577
佐 0578
免 0579
匕部
匕 0580
从部
從 0581
并 0582
比部
比 0583
北部
北 0584
丘部
虚 0585
㐺部
眾 0586

衆　0586
重部
重　0587
量　0588
臥部
監　0589
身部
身　0590
體　0591
衣部
衣　0592
裹　0593
衽　0594
襲　0595
袍　0596
袪　0597
袂　0598

褎　0599
袳　0600
襦　0601
被　0602
雜　0603
袒　0604
衰　0605
卒　0606
裘部
求　0607重
老部
老　0608
壽　0609
孝　0610
毛部
毛　0611
尸部

尸　0612
居　0613
尻　0614
屨　0615新
尺部
尺　0616
尾部
尾　0617
屬　0618
履部
履　0619
舟部
般　0620
股　0620
服　0621
方部
方　0622

兄部
兄　0623
先部
先　0624
見部
見　0625
視　0626
親　0627
欠部
欲　0628
歌　0629
次　0630
歙部
歙　0631
飲　0631
頁部
顯　0632

頟　0632
顧　0633
順　0634
面部
面　0635
首部
首　0636
県部
縣　0637
須部
須　0638
后部
后　0639
司部
司　0640
卩部
厀　0641

膝　0641
卻　0642
却　0642
卯部
卿　0643
辟部
辟　0644
勹部
旬　0645
茍部
敬　0646
由部
畏　0647
禺　0648
山部
山　0649
密　0650

嵭 0651
崩 0651
崇 0652
广部
府 0653
廬 0654
庭 0655
廡 0656
序 0657
廣 0658
廉 0659
庶 0660
廟 0661
廱 0662
厂部
厥 0663
厭 0664

石部
礜 0665
磬 0666
長部
長 0667
肆 0668
肆 0668
𩬏 0668
勿部
勿 0669
而部
而 0670
豕部
豕 0671
豸部
貍 0672
易部

易 0673
象部
象 0674
馬部
馬 0675
駕 0676
騷 0677
騰 0678
廌部
薦 0679
鹿部
鹿 0680
麋 0681
麃 0682
麗 0683
麝 0684
犬部

狗 0685
獲 0686
獻 0687
猶 0688
獨 0689
能部
能 0690
火部
然 0691
燔 0692
烝 0693
灰 0694
燭 0695
黑部
黑 0696
黨 0697
大部

大 0698
亦部
亦 0699
交部
交 0700
絞 0701
壺部
壺 0702
壹部
壹 0703
幸部
睪 0704
執 0705
報 0706
夲部
奏 0707
夫部

夫 0708
立部
立 0709
端 0710
䇓 0711重
竮 0712
竝部
竝 0713
心部
心 0714
志 0715
慎 0716
忠 0717
念 0718
慈 0719
恃 0720
惡 0721

水部
水 0722
灌 0723
深 0724
溜 0725
溉 0726
治 0727
寖 0728
漻 0729
況 0730
汋 0731
滿 0732
滑 0733
澤 0734
淖 0735
洫 0736
決 0737
注 0738
渶 0739
沃 0739
湛 0740
没 0741
汙 0742
涫 0743
汁 0744
澡 0745
洗 0746
淳 0747
浣 0748重
濯 0749
泰 0750
夳 0751重
泣 0752
滅 0753

川部
州 0754

仌部
冬 0755

雨部
靁 0756
雷 0756

魚部
魚 0757
鮒 0758

燕部
燕 0759

非部
非 0760

乙部
乳 0761

不部
不 0762

至部
至 0763

西部
西 0764

鹽部
鹽 0765

戶部
戶 0766
房 0767
扃 0768

門部
門 0769
闑 0770
閒 0771
關 0772
閔 0773
闐 0774

耳部
耳 0775
聽 0776
聲 0777
聞 0778
聶 0779
聟 0780

手部
手 0781
指 0782
揖 0783
攘 0784
拜 0785重
推 0786
持 0787
挾 0788
挾 0788
抶 0788
扶 0788
揗 0789
拊 0790
措 0791
擇 0792
授 0793
承 0794
撫 0795
搔 0796
揚 0797
舉 0798
振 0799
擩 0800
失 0801
挩 0802

拾 0803
擣 0804
摶 0805
捲 0806
扱 0807
拂 0808
擊 0809
摵 0810新
𢘅 0811
𠦒部
脊 0812
女部
女 0813
姓 0814
嫁 0815
娶 0816
妻 0817

婦 0818
母 0819
姑 0820
姊 0821
妹 0822
嫂 0823
㛐 0823
姪 0824
始 0825
委 0826
如 0827
侑 0828重
嬠 0829
毋部
毋 0830
民部
民 0831

丿部
弗 0832
乁部
也 0833
戈部
或 0834
武 0835
戎 0835
我部
我 0836
義 0837
珡部
瑟 0838
乚部
直 0839
亾部
無 0840

匚部
匜 0841
匪 0842
匡 0842
匰 0843
瓦部
瓦 0844
甄 0845
甑 0846
弓部
弓 0847
張 0848
彊 0849
引 0850
弓 0850
發 0851
弦部

弦 0852
系部
孫 0853
繇 0854
由 0855重
糸部
純 0856
統 0857
納 0858
絕 0859
繼 0860
總 0861
結 0862
繟 0863
終 0864
練 0865
縓 0866

緇 0867
繻 0868
纓 0869
緌 0870
綬 0871
繐 0872
緣 0873
縷 0874
縚 0875重
繩 0876
約 0877
維 0878
絖 0879重
絺 0880
經 0881
絜 0882
絓 0883

素部
素 0884
虫部
雖 0885
䖵部
蚤 0886重
二部
二 0887
亘 0888
凡 0889
土部
土 0890
地 0891
塊 0892重
基 0893
堂 0894
堂 0894

坫 0895
在 0896
垔 0897
封 0898
壐 0899
墊 0900
壞 0901
垂 0902
墤 0903
里部
野 0904
田部
田 0905
甸 0906
當 0907
畱 0908
黃部

黃 0909
男部
男 0910
甥 0911
力部
功 0912
勝 0913
加 0914
飭 0915
金部
金 0916
錫 0917
鍾 0918
錯 0919
錍 0920
鈞 0921
鉅 0922

鉈 0923
鏃 0924
勺部
勺 0925
几部
几 0926
且部
且 0927
俎 0928
斤部
所 0929
斯 0930
新 0931
斗部
升 0932
車部
車 0933

載 0934
軌 0935
斬 0936
輔 0937
𠂤部
官 0938
𨸏部
陽 0939
隅 0940
陋 0941
降 0942
隱 0943
隐 0943
陳 0944
陶 0945
除 0946
階 0947

阼 0948
陔 0949
四部
四 0950
三 0951重
叕部
綴 0952
五部
五 0953
六部
六 0954
七部
七 0955
九部
九 0956
禸部
禽 0957

萬 0958
嘼部
獸 0959
乙部
乾 0960
丁部
丁 0961
戊部
成 0962
己部
己 0963
庚部
庚 0964
辛部
辤 0965
辡部
辯 0966

子部
子 0967
字 0968
季 0969
孤 0970
疑 0971
𠫓部
疏 0972
踈 0972
丑部
羞 0973
辰部
辱 0974
巳部
巳 0975
㠯 0976
以 0976

午部
午 0977
申部
申 0978
臾 0979
酉部
酒 0980
配 0981
酌 0982
醉 0983
酢 0984
醬 0985
醢 0986
醓 0986
酭 0987
䣽 0987
䤈 0987

酭 0988
醆 0989
酋部
尊 0990重
亥部
亥 0991